I0821122

Los últimos cien días de Hitler

Jean Lopez

Los últimos cien días de Hitler

Crónica del apocalipsis

CRÍTICA

Obra editada en colaboración con Editorial Planeta - España

Título original: *Les cent derniers jours d'Hitler. Chronique de l'apocalypse*

Iconografía: DAU, Grupo Planeta

Bajo el sello editorial CRÍTICA M.R.
Avenida Presidente Masarik núm. 111,
Piso 2, Polanco V Sección, Miguel Hidalgo
C.P. 11560, Ciudad de México
www.planetadelibros.com.mx
www.paidos.com.mx

Primera edición impresa en España: febrero de 2025
ISBN: 978-84-670-7580-9

Primera edición impresa en México: marzo de 2025
ISBN: 978-607-569-964-6

Impreso en los talleres de Impregráfica Digital, S.A. de C.V.
Av. Coyoacán 100-D, Valle Norte, Benito Juárez
Ciudad De Mexico, C.P. 03103
Impreso en México - *Printed in Mexico*

Índice

Introducción

Los últimos meses de la Segunda Guerra Mundial en Europa fueron el periodo más sangriento y destructivo de todo el conflicto; también el más confuso y el menos conocido. En el invierno y las primeras semanas de la primavera de 1945, en Alemania se moría como nunca. Cada día, por término medio, treinta mil seres humanos perdían la vida en los distintos frentes, en las ciudades bombardeadas, en los convoyes de refugiados que huían del Ejército Rojo, en los navíos que se arriesgaban a navegar por el mar Báltico, en las prisiones y los campos de concentración, en los trenes, en los caminos por los que se evacuaba a los deportados.

Hitler fue el gran responsable de esta orgía de muerte y destrucción, junto con las instituciones que había creado, inseparables de su persona. Mermado por la enfermedad, acorralado, cuestionado u odiado por su propio pueblo, obligado a vivir bajo las bombas en un agujero húmedo, siguió no obstante alimentando la hoguera. Su pueblo no volvió a oír su voz después de la alocución difundida por radio el 30 de enero de 1945, pero su sola presencia, a seis metros bajo tierra, fue suficiente para mantener a ochenta millones de alemanes en estado de obediencia.

Las organizaciones criminales que eran el partido nazi, las SS, la Gestapo, las Juventudes Hitlerianas o la Wehrmacht continuaron con su trabajo en su nombre. Siguieron sus consignas y su ejemplo, el de la radicalización, aunque en términos generales, porque también se dieron episodios de «sálvese quien pueda» y juegos personales. Cuanto más disminuía la eficacia del Ejército y de la Administración, más se endurecía la ideología nacionalsocialista y encontraba sus connotaciones revolucionarias. Cuanto más cercana estaba la perspectiva de su destrucción total, más saldaba el régimen las cuentas con sus enemigos, reales o supuestos.

Qué extraña resulta, si bien se piensa, esta resistencia encarnizada cuando todo proclamaba que la guerra estaba perdida, que seguir luchando no cambiaría en nada su desenlace. Si Hitler hubiera muerto por la explosión de una bomba o sepultado bajo la cancillería, si se hubiera suicidado en enero de 1945, tras el fracaso de la ofensiva de las Ardenas, la guerra no habría tardado en detenerse. Nadie más que él tenía la autoridad, el carisma, la voluntad de hacer que los soldados siguieran combatiendo, los obreros trabajando, los verdugos ejerciendo su oficio. «Su seguridad se cernía como un augurio apasionado por encima de los espíritus»[1], escribió uno de los oficiales de su entorno mientras todo se hundía. Por su parte, Heinz Linge, el mayordomo del Führer, recordará: «Martin Bormann [el secretario de Hitler] tenía sin duda en sus manos el partido y a sus jefes, pero sin Hitler, incluso él, cuyo nombre apenas resultaba conocido para el pueblo, se habría visto absolutamente impotente»[2].

Lo cierto es que nunca tantos hombres han muerto en tan poco tiempo para prolongar la vida de uno solo. Esto explica que Hitler sea la figura central de este libro. ¿Se trata, entonces, de una biografía? No. Hitler ocupa el lugar central como capitán del navío que se va a pique, pero nos interesan en igual medida el cuadro de oficiales, la marinería y el pasaje.

Esta obra es, como no podía ser de otra manera, un descenso a los infiernos. Aspira a explicar al lector el momento clave en el que la mayoría del pueblo alemán se distanció de su Führer y abandonó su religión nacionalista. El gran acontecimiento de los cien últimos días fue la revelación a los ojos de los alemanes del carácter criminal del nazismo. No debemos buscar aquí el misterio de una conversión ni una repentina toma de conciencia. ¿No era simple y llanamente más difícil mirar hacia otro lado o cerrar los ojos cuando los niños de dieciséis años partían hacia el frente, cuando se ahorcaba en las farolas a miles de soldados, cuando se asesinaba a trabajadores extranjeros en el corazón mismo de las ciudades, cuando miles de cadáveres con uniforme de rayas jalonaban las carreteras de Alemania?

Sin embargo, nadie se rebeló, salvo un puñado de individuos excepcionales, como aquel Robert Limpert, de diecinueve años, cardiaco, superdotado, que se atreve, en solitario, a pegar pasquines antinazis y a cortar un cable militar en su pequeña ciudad de Ansbach[3]; un coronel de la Luftwaffe lo ahorcará cuatro horas antes de la llegada de las tropas estadounidenses, el 18 de abril de 1945. Para la mayoría de los alemanes, el exceso de infortunio, la espantosa dimensión de la catástrofe —todas las grandes ciudades destruidas en más de un cincuenta por ciento, veintisiete millones de refugiados, dos millones de muertos en ciento treinta días, dos millones de mujeres violadas— llevan a los individuos a replegarse sobre sí mismos, su familia, su supervivencia.

El singular camino de la historia alemana se cerró en 1945, algo que en el año 1918 no había sido capaz de hacer, sino todo lo contrario. Tal vez no existiera para Alemania otro medio que apurar el cáliz hasta las heces, probar el apocalipsis que había provocado y que Hitler se empecinó en poner en escena en su nombre. ¿Quién no comprende que este final sangriento hizo posible la Europa actual al erradicar toda idea de revancha y sentando las bases, de Brest a Brest-Litovsk, de una comunidad del dolor y del recuerdo de lo que pasó?

La mayoría de las obras que narran los últimos días de Hitler tienen como escenario el agobiante entorno a puerta cerrada del búnker situado debajo de la cancillería. De lo que ocurría en el exterior, por lo general, no se oía nada, salvo el estruendo de las bombas o los obuses. Esta obra ha optado por abrir la distancia focal, temporal y espacial. En primer lugar, la distancia focal temporal: los cien últimos días de Hitler —de hecho, ciento seis— y no los diez últimos, los de la batalla de Berlín, hoy bien conocidos. Seguimos a Hitler desde el 15 de enero de 1945, fecha de su regreso definitivo a Berlín, hasta su muerte hacia las 15.30 del 30 de abril. Luego, la distancia focal espacial: en esta obra nos ocupamos no solo del Führer y su entorno inmediato, sino también del conjunto del Reich, es decir, en los frentes oriental y occidental, la población civil, los detenidos y deportados encerrados en los veinte mil centros de detención documentados[4].

Este relato de los cien últimos días de Hitler se presenta en forma de crónica, día a día y a veces hora a hora. La historia militar está muy presente en ella. ¿Cómo prescindir de ese aspecto cuando el avance y el retroceso de los Ejércitos determinaban directamente el tiempo de vida que quedaba en el encierro de la Vossstrasse? La Wehrmacht contenía, por sí sola, el reloj de arena. Su defensa improvisada, suicida, y nos atreveríamos a decir que admirable, si no hubiera permitido tantos crímenes, regaló a Hitler cien días de vida adicionales.

El lector encontrará también, además de la crónica, ocho apartados temáticos en los que se abordan otros tantos problemas importantes de este periodo. En ellos nos ocupamos de ámbitos de investigación relativamente tardíos en la historiografía de la Segunda Guerra Mundial: las marchas de la muerte, las verdaderas pérdidas militares alemanas, los crímenes de guerra soviéticos, la teoría de la «coreografía del hundimiento» propuesta por Bernd Wegner, entre otros temas. En general, nos hemos basado sobre todo en los trabajos de los historiadores alemanes, con la notable excepción de las obras clásicas de Ian Kershaw y Richard Bessel.

La crónica cotidiana se ha construido cotejando una serie de documentos impresos. Diarios o agendas personales: los de Joseph Goebbels y Martin Bormann, del doctor Morell, de Wilfred von Oven; el diario de guerra del Alto Estado Mayor de la Wehrmacht, sus comunicados, las actas de los balances de la situación militar, las ordenanzas relativas a la organización del Ejército; la recopilación de órdenes y decretos del Führer y el conjunto de sus discursos, llamamientos y declaraciones; los informes de los servicios de inteligencia de las SS; las decenas de memorias y recuerdos de actores y testigos, grandes o pequeños, que mantuvieron contacto con Hitler en sus últimas semanas, y especialmente los transcritos en 1948 por el capitán Michael Musmanno, investigador y juez en los juicios de Núremberg. En la bibliografía que se incluye al final de este libro se encontrará la relación de estos documentos.

Todas las traducciones del alemán o del inglés son del autor. Solo a él deben imputarse, por tanto, las aproximaciones o los errores que se hayan podido deslizar. Las traducciones del ruso al francés se deben a Lasha Otkhmezuri, a quien expreso mi agradecimiento y la expresión renovada de mi amistad.

Enero de 1945

Día 105-Día 89
(15 de enero-31 de enero)

Lunes, 15 de enero

18.00 horas. Un convoy de automóviles se pone en marcha en la aldea de Wiesental, cerca del castillo de Ziegenberg, a diez kilómetros de la pequeña estación balnearia de Bad Nauheim. Hitler va dentro de uno de los vehículos. Atrás queda un cuartel general perfectamente camuflado, desde donde, a partir del 12 de diciembre, ha seguido la ofensiva de las Ardenas y asistido a su fracaso. Ya no tiene nada que hacer en el Frente Occidental y regresa a Berlín de improviso, ante la sorpresa de su entorno. Si damos crédito a lo que nos dice su secretario, Martin Bormann, en su libreta de notas, en realidad el destino del viaje debía ser Berchtesgaden, en los Alpes bávaros.

19.20 horas. El jefe de Estado Mayor del Ejército de Tierra (OKH), general[1] Heinz Guderian, que había vencido en Francia en 1940, llama a Wiesental para hablar con el Führer. Le contestan que ya no está allí. Guderian informa a Jodl, jefe de operaciones del alto mando de la Wehrmacht (OKW) y el consejero militar más próximo al Führer, de que el Ejército Rojo está haciendo trizas el frente alemán en Polonia, que no se tienen noticias de la mayoría de las unidades y que no hay tiempo que perder para evitar la catástrofe final. Antes de colgar, ordena a gritos: «¡Lance urgentemente todas las fuerzas hacia el este!».

20.00 horas. El convoy procedente de Wiesental se detiene en el exterior de la pequeña estación de Hungen. Hitler sube a bordo de su tren especial (Brandenburg) con destino a Berlín. Circulará de noche para esquivar el millar de cuatrimotores aliados que tanto esa noche como la siguiente surcarán sin oposición el cielo del Reich. Si una bomba hubiera caído en el vagón oficina, se habrían salvado más de tres millones de vidas humanas.

Martes, 16 de enero

09.40 horas. Con un tiempo de nieve, el tren especial del Führer entra en la estación de Berlín-Grunewald. No hacía mucho tiempo que esta barriada del oeste de la capital, señorial, discreta, resguardada bajo espléndidas frondosidades, había brindado a cincuenta mil judíos alemanes deportados hacia los campos de exterminio la última imagen de su patria. Al final de un andén desierto, aislado por un cordón de efectivos de las SS, Hitler se mete precipitadamente en su Mercedes blindado, al que siguen una decena de vehículos en los que viaja su séquito. Erich Kempka, su chófer, ha hecho todo lo posible para elegir un itinerario «presentable» mediante desvíos a través de los barrios menos destruidos: el Führer expresa su disgusto al ver los montones de escombros y las fachadas reventadas de su capital, que la víspera había sufrido su alerta aérea número 279. En veinte minutos el convoy llega al distrito gubernamental, entre el parque del Tiergarten y la Wilhelmstrasse. Hitler se instala en sus antiguos aposentos, en el primer piso de la vieja cancillería, que se ha librado de los bombardeos. Los berlineses no saben que el Führer ha regresado a su capital.

Cancillería del Reich tras la guerra. Hitler se refugió en el búnker que alojaba el edificio desde el 16 de enero de 1945 hasta su muerte el 30 de abril.

10.45 horas. El médico personal de Hitler, Theodor Morell, un hombre obeso vestido con el uniforme del partido nazi, observa que su paciente tiene la garganta inflamada y lo encuentra en un estado de gran agitación a causa, dice, de la situación militar. Le administra una inyección intravenosa de glucosa contra la insuficiencia cardiaca y después una subcutánea de omnadine, un extracto de bilis bovina, a modo de expectorante.

11.00 horas. En el despacho de cuatrocientos metros cuadrados del que dispone Hitler en la nueva cancillería da co-

Theodor Morell fue el médico personal del Führer hasta casi el final de su vida.

mienzo la tradicional reunión de mitad de jornada sobre la situación militar. Casi toda la dirección de la guerra está presente, con mención especial para el mariscal Keitel y el general Jodl, por el alto mando de la Wehrmacht, y Albert Speer, ministro de Producción Industrial. Guderian se retrasa. A las 11.26 suenan las sirenas. La alerta aérea obliga a todo el mundo a bajar a los refugios, incluido Hitler.

Hacia las 13.00 horas. Se reanuda la reunión, ahora con la asistencia de Guderian. Se despliegan los mapas sobre la inmensa mesa de mármol delante de las ventanas que dan vista a los jardines. Guderian hace un repaso de la situación. Entre el 12 y el 14 de enero, los soviéticos habían lanzado una serie de ataques masivos entre el Báltico y los Cárpatos. Se identifican cuatro Frentes —el equivalente soviético del Grupo de

Ejércitos— que reúnen a treinta y cinco Ejércitos. ¡Hoy sabemos que eran 3,4 millones de hombres, 8.500 carros de combate, 8.000 aviones y 55.000 cañones! Esta fuerza gigantesca —la más importante de toda la guerra— se enfrenta a 1,1 millones de hombres, 1.500 tanques y 1.200 aviones alemanes acumulados a duras penas en mil kilómetros de frente, a lo largo del Vístula y en las fortificaciones de Prusia Oriental.

Guderian no dispone aún de una visión precisa de la situación, pues las comunicaciones con las unidades del frente están en su mayor parte interrumpidas. En cambio, sabe que dos de los Frentes soviéticos ya han abierto una enorme brecha. El Primer Frente Ucraniano, a las órdenes del mariscal Kóniev, ha penetrado ciento treinta kilómetros en la Polonia meridional y no se encuentra lejos de Cracovia. A la derecha de Kóniev, los dos ejércitos blindados del Primer Frente Bielorruso del mariscal Zhúkov han perforado las defensas alemanas en cincuenta kilómetros y se lanzan hacia Łódź, en el eje de Berlín. No hay reservas disponibles para detener este aluvión mecanizado, recuerda Guderian.

La discusión, tensa, apasionada, se prolonga durante toda la tarde. Hitler anuncia a Guderian la destitución del comandante del Grupo de Ejércitos A, el general Harpe, a quien se considera responsable del desastre. Su sustituto será la estrella emergente de la Wehrmacht, Ferdinand Schörner, nazi convencido y jefe despiadado. Este ha sido su método desde el invierno de 1941: cambiar de general con cada derrota. Pero la discusión gira en torno a otro punto. Guderian pide el alistamiento de todas las reservas disponibles frente a los soviéticos. Defiende, sin decirlo, la opinión mayoritaria en el seno del Ejército: hacer frente a los rojos y emprender lo antes posible conversaciones con los occidentales.

Su deseo es poder disponer de las fuerzas que se encontraban en el oeste, en particular, el excelente 6.º Ejército Blindado SS del general Sepp Dietrich, y pide la repatriación por mar del medio millón de hombres[2] inútilmente bloqueados en Curlandia, en el oeste de Letonia. Hitler rechaza las dos pretensiones. Explica que el ejército de Dietrich saldrá lo antes posible rumbo a Hungría para desbloquear Budapest, cercada desde el 26 de diciembre por los soviéticos.

Eso es absurdo, se enfurece Guderian: hay que llevar esos medios a Polonia. No, responde Hitler: primero hay que salvar el petróleo de Hungría y de Austria, sin los cuales no podremos continuar la guerra. Probablemente bajo la influencia del alcohol, Guderian insiste. El tono sube como nunca lo había hecho antes, escribirá Speer en sus memorias[3]. Hitler no se altera. Repite incansablemente su argumentario: «Mis generales no comprenden nada de los aspectos económicos de la guerra». Al cabo de cuatro horas de reunión, mientras llegan despachos calamitosos y el agotamiento se apodera de los presentes, Hitler mantiene todas sus decisiones y se va a almorzar.

En sus memorias, el prusiano Guderian reprochará a Hitler haber reaccionado como un danubiano indiferente a la suerte de las poblaciones del este del Reich. La explicación de la decisión del dictador hay que buscarla en otra parte: no pensaba en otra cosa que no fuera *hacer durar la guerra,* de ahí su preocupación, totalmente justificada desde ese punto de vista, por el petróleo. Por otro lado, había reconocido la amenaza soviética, al contrario de lo que sostiene Guderian, y sin duda pretendía defender su frontera oriental.

Las fuerzas alemanas en el oeste recibieron la orden de pasar a la defensiva en el Westwall, el «muro del oeste», la

Línea Sigfrido para los Aliados. El diario de guerra del OKW nos dice que fue a partir del 16 de enero cuando el Führer ordenó proceder a traslados masivos de fuerzas hacia el este. Desde Noruega, desde Italia, desde Curlandia, desde las fronteras occidentales, treinta y tres divisiones acudirán en veinte días. En febrero, casi todas las armas pesadas que producen las fábricas se destinarán al este. Se emplazan 1.555 cañones de asalto contra el Ejército Rojo frente a... ¡67 contra las potencias occidentales![4]. Entre enero y marzo, el este recibirá 3.166 tanques nuevos y el oeste, 513.

La Línea Sigfrido, o Westwall, fue la construcción defensiva alemana contrapuesta a la Línea Maginot francesa. Recorría la frontera germana con Francia, Luxemburgo y Bélgica.

Última hora de la tarde. La agencia de prensa oficial DNB informa a los ochenta millones de alemanes del Reich de que un tal Ferdinand Lang, anónimo ciudadano de Salzburgo, ha sido ejecutado después de un juicio relámpago ante el tribunal popular. Estaba acusado de haber «escuchado la radio inglesa, difundido entre sus compañeros de trabajo las mentiras enemigas e intentado socavar su fe en la victoria final».

21.26 horas. Una nueva alerta aérea interrumpe toda la actividad dentro de la cancillería. No sabemos si esa noche se celebró un segundo balance de la situación militar. Es poco probable debido al carácter improvisado de la llegada de Hitler a Berlín y a la desorganización de los servicios resultante.

Medianoche. Los campos del complejo Auschwitz-Birkenau-Monowitz se iluminan. Los efectivos de las SS ordenan a gritos a los 56.000 prisioneros útiles que formen en filas en

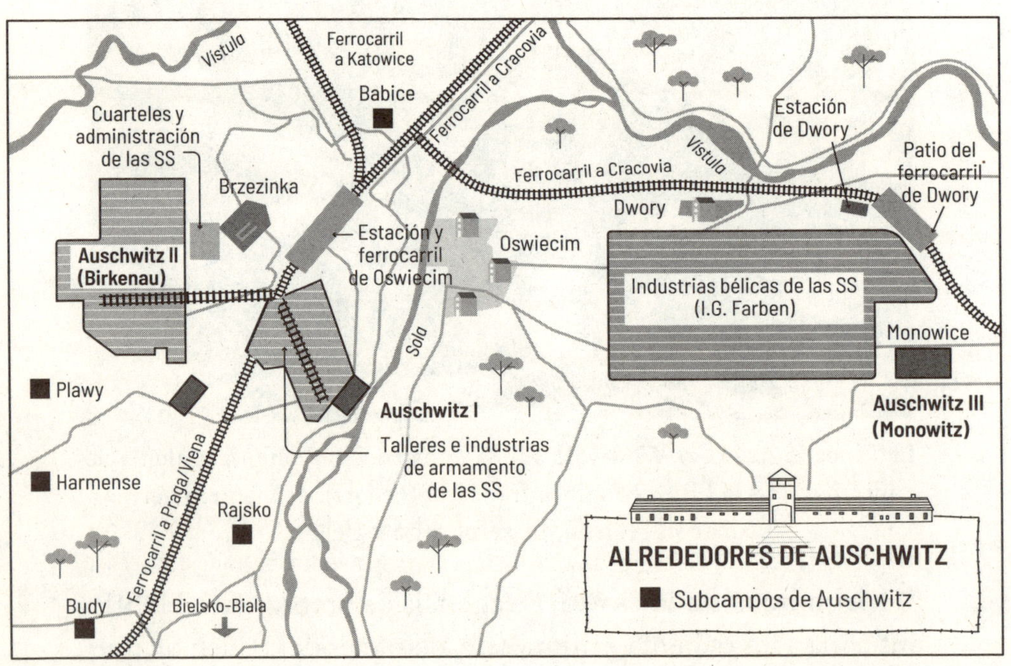

Mapa del mayor campo de concentración de la Alemania nazi, Auschwitz-Birkenau-Monowitz.

los lugares prescritos. El Ejército Rojo está a cuarenta kilómetros. A partir de las cuatro de la mañana, los deportados serán evacuados a pie hacia el campo de concentración de Gross-Rosen, situado doscientos cincuenta kilómetros al oeste. Cuando lleguen, dieciséis días después, faltarán 16.000. Habrá por término medio un cadáver con uniforme de rayas cada quince metros, muerto de frío, de agotamiento, las más de las veces abatido por los guardias de las SS.

Miércoles, 17 de enero

A partir de las 02.00 horas. Magdeburgo es atacada por 371 bombarderos británicos. Mueren 4.000 habitantes, el cuarenta y cuatro por ciento de la ciudad queda arrasado y seis millones de metros cúbicos de escombros obstruyen calles, carreteras y canales.

Después de haber tomado un té ligero acompañado de pasteles vieneses de los que hace un enorme consumo, a las cuatro de la mañana Hitler se va a acostar en sus aposentos del ala derecha de la vieja cancillería. Como de costumbre, toma un somnífero.

Mientras el Führer duerme, la situación en el este se deteriora con rapidez. El 9.º Ejército y el 4.º Ejército de Panzers ya han sido destruidos. Los soviéticos han hecho 120.000 prisioneros. Decenas de miles de desertores y extraviados se dirigen hacia el Reich, mezclados con los convoyes de refugiados que huyen de la Wartheland, la parte de Polonia central que los alemanes se habían propuesto colonizar. Himmler ordena publicar en los periódicos de la mañana el llamamiento siguiente:

> Pido a los compatriotas alemanes, en particular a las mujeres, que no muestren piedad alguna con los desertores que se incorporan a los convoyes de evacuación en dirección al oeste. Los hombres que se alejan del frente no merecen un pedazo de pan de la retaguardia. Se exhorta a las mujeres y a las muchachas alemanas a recordar a esos hombres el honor y el deber, a mostrarles desprecio en vez de piedad y a echar a escobazos en dirección al frente a los cobardes más obstinados[5].

16.00 horas. Durante el primer balance de situación, Guderian expone a Hitler cómo espera estabilizar la situación al oeste de Varsovia, que probablemente ya ha caído, dice, en manos de los soviéticos. Mientras el jefe de Estado Mayor del OKH desarrolla su exposición, se presenta a Hitler un despacho del comandante de la «fortaleza» de Varsovia que advierte de la inminencia de su evacuación. Hitler reacciona de forma violenta: ¡entonces Varsovia no había caído, como se le había anunciado! Oliéndose mentiras y traiciones, rechaza todo abandono voluntario de la capital polaca, que «debe mantenerse a cualquier precio». Ordena una investigación sobre los oficiales de Estado Mayor que han cubierto «esta operación de ocultación». Guderian protesta y pide que la culpa recaiga sobre él. Hitler lo interrumpe:

> ¡No! No es con usted con quien estoy enojado, sino con el Estado Mayor general. Me resulta intolerable que un grupo de intelectuales hagan prevalecer sus puntos de vista por encima de los de sus superiores. Pero así es el sistema del Estado Mayor general, y ese sistema lo voy a aplastar[6].

23.00 horas. Termina la reunión de situación. Hitler toma una cena ligera, regada con un zumo de cereza espesado con harina de semillas de lino. Después, cuando las sirenas anuncian la alerta, baja a su búnker privado y comienza una velada de té con pastelitos que se prolonga hasta las cuatro de la mañana, según las notas del doctor Morell. Además del médico, no sabemos con exactitud quién acompañó esa noche el insomnio del Führer, quién sufrió sus interminables monólogos. Existen dos probabilidades entre tres de que fueran su primera y su segunda secretarias, Johanna Wolf y Christa Schroeder. Según esta última, aquellas infusiones nocturnas «eran un ritual cotidiano. [...] Era su manera de relajarse y descansar. [...] Hablaba mucho de los perros, [...] de las flores. [...] Se quejaba de su salud[7]. Desde el desastre de Stalingrado, Hitler había renunciado a sus mayores placeres nocturnos, ver películas o escuchar a Wagner en un gramófono.

Durante la noche. Ante la proximidad de los soviéticos, la dirección de la prisión de Radogoszcz, un barrio de Łódź, es presa del pánico. Tenía orden de evacuar a aquellos detenidos a los que se considerase demasiado «peligrosos» políticamente para dejarlos atrás. Como ya no tiene tiempo ni medios para cumplir la orden, decide atenerse a la práctica que se viene adoptando desde 1943: la liquidación física. Respaldados por civiles alemanes de Łódź, efectivos de las SS y aviadores de la Luftwaffe, los guardianes asesinarán, un piso tras otro, a los dos mil detenidos y a continuación prenderán fuego al edificio antes de desaparecer.

Jueves, 18 de enero

07.00 horas. Con el consentimiento del Führer, las tropas alemanas y húngaras abandonan Pest, la mitad oriental de la capital magiar. Se vuelan los puentes sobre el Danubio, orgullo de la ciudad, pero 20.000 hombres serán capturados por el Ejército Rojo. Poco antes, los últimos defensores alemanes han abandonado las ruinas de Varsovia. Hitler se ha anticipado. Durante la noche, cumpliendo la amenaza proferida la víspera ante Guderian, ordena el arresto de los oficiales de Estado Mayor Von Bonin, Von dem Knesebeck y Von Christen, culpables, a su juicio, de haber autorizado la retirada de Varsovia contraviniendo su orden. Von Bonin acabará en un campo de concentración, pero sobrevivirá, los otros dos serán enviados al frente. Al día siguiente, 19 de enero, Guderian también será interrogado largamente por Heinrich Müller, el jefe de la Gestapo, un «verdugo glacial»,

Ruinas de Varsovia (Polonia), ciudad que los alemanes abandonaron en enero de 1945 ante la presión soviética.

según Höss, comandante de Auschwitz, que de eso sabía bastante[8]. A semejanza de Stalin en 1941, Hitler responde a las derrotas y las retiradas con medidas policiales.

Durante la reunión de situación nocturna. Los tanques del Primer Frente Ucraniano cruzan la frontera del Reich cerca de Rosenberg, en Silesia. Los blindados soviéticos han recorrido ciento diez kilómetros en cuarenta y ocho horas y han atravesado sin dificultad todas las líneas de retaguardia, poco o nada defendidas. Los comisarios políticos hacen colocar carteles en las carreteras: «Entras en la maldita Alemania»; «¡Vamos a asestar el golpe de gracia a los fascistas!»; «¡Adelante hasta Berlín!».

Speer, ministro de Armamento, advertirá al día siguiente de que, con la pérdida de la cuenca industrial de Alta Silesia, la última intacta, el Reich no quedaría «en condiciones de continuar la guerra con una perspectiva de éxito»[9]. En su diario, Goebbels anotó: «El mapa de las operaciones es desolador. Sería preferible no mirarlo. Estamos de nuevo en medio de una crisis de las más profundas». Y más adelante: «El Führer se aísla cada vez más del exterior. De hecho, se ocupa principalmente de los asuntos militares»[10].

Viernes, 19 de enero

Hacia las 15.30 horas. Eva Braun, la amante del Führer desde hace trece o catorce años, se presenta en la cancillería, «elegantemente vestida y recién peinada»[11]. Acaba de llegar del Berghof, la residencia privada de Hitler en Berchtesgaden. Martin Bormann, el todopoderoso secretario del Führer, ha ido a buscarla hasta allí, lo que permite pensar que no ha venido sin que Hitler haya dado su asentimiento, como sostienen algunos testimonios. Se instala en su habitación en la cancillería. En los días siguientes hará que se bajen a la estancia que le está reservada en el búnker algunos de los lujosos muebles diseñados especialmente para ella por su amigo Albert Speer.

Sábado, 20 de enero

A primera hora del día. Decenas de camionetas provistas de altavoces recorren las calles de la capital de Silesia, Breslavia (la actual Wrocław). «¡Atención! ¡Atención! Las mujeres y los niños deben salir inmediatamente de la ciudad en dirección a Opperau y Kanth». Más de medio millón de personas lo abandonan todo en unas horas. El miedo a perderse el último convoy hacia el oeste provoca un tumulto mortal en la estación: setenta niños mueren aplastados por una muchedumbre enloquecida. Después, mientras se oye el cañón ruso, familias enteras, con la bolsa al hombro, empujando cochecitos, bicicletas o carretillas, parten a pie en medio de las borrascas de nieve, a veinte grados bajo cero. Muchas recorrerán a pie cien o doscientos kilómetros antes de encontrar un tren o un refugio. Por miles, las madres abandonan en las fosas los cadáveres helados de sus hijos o mueren congeladas con ellos. Esta evacuación catastrófica podría haberse evitado. Breslavia había sido declarada fortaleza en agosto de 1944 por una orden secreta de Hitler.

El *Gauleiter*[12] de Silesia y oficial de las SS Karl Hanke disponía de planes de evacuación. Pero se negó a dar la orden, en parte por la presión de Speer, que quería mantener las fábricas en actividad hasta el último momento, y en parte por miedo a debilitar la moral de los 50.000 soldados, entre los que había muchas unidades de la milicia Volkssturm movilizadas a toda prisa para defender la ciudad contra el asalto soviético. Sin duda, aplicó también la consigna de «guerra popular», que suponía que civiles y militares eran indisociables en la defensa de la patria. A partir de ese día, Breslavia se convirtió para Hitler en un rompeolas que protegía Berlín y en un ejemplo de resistencia a muerte. Hanke, «fiel, pero sin exceso de inteligencia»[13], según Goebbels, ascendió al rango de *Gauleiter* modelo, capaz de «forzar el destino» mediante la movilización política e ideológica de toda la población.

Los habitantes de las pequeñas ciudades y de los pueblos no corren mejor suerte que los de Breslavia. Ante la ausencia de órdenes del responsable local del partido nazi, no salen hasta el último momento, a veces bajo el fuego. Se forman deprisa y corriendo convoyes de carros enganchados en los que se transporta a niños y ancianos, y algunos enseres; las mujeres, o un prisionero de guerra, con frecuencia francés, escoltan a pie. En cada cruce de caminos, la marea aumenta. El 16 de febrero, el OKW informará de un convoy de dieciséis kilómetros de longitud, todo un récord[14].

A causa de los fríos polares, se avanza a duras penas, sin saber siquiera qué dirección tomar. Muchos irán de un lado a otro y acabarán atrapados en la batalla o alcanzados por los tanques soviéticos. El 15 de enero, los alemanes del Wartheland son los primeros en partir. El 19, los de Prusia Oriental y Silesia también han huido. El 22, los prusianos occidentales, el 30 se les sumarán los pomeranos y los brandemburgueses. Se encaminan generalmente hacia el oeste, pero, cuando los soviéticos han cortado las carreteras, la multitud se desvía hacia Bohemia, al sur, o hacia el mar Báltico, al norte, donde se hallan los puertos de embarque de Pillau, Hela y Dantzig.

A finales de enero de 1945 había ya cuatro millones de refugiados del este, la mitad de ellos en las carreteras. A principios de marzo serán siete millones.

Durante la noche. Goebbels, *Gauleiter* de Berlín, en contacto con las autoridades militares, pone en marcha la alerta «Gneisenau» en la capital del Reich. Todos los responsables son movilizados a sus puestos y deben estar localizables en todo momento. Se toman medidas aún más rigurosas para custodiar «los campos de concentración de los alrededores de Berlín, así como los campos de prisioneros de guerra, especialmente aquellos en los que estaban recluidos oficiales soviéticos»[15]. Se constituyen «unidades de alerta» a partir de los efectivos presentes en las escuelas y los centros de formación, y se envían inmediatamente hacia el este. La movilización de los aparatos del Estado y del partido nazi —cada vez más confundidos— también tenía como objetivo vigilar, alimentar y albergar a los refugiados del este que llegaban cada día por decenas de miles, según observó Goebbels,

> [...] en un estado de miseria indescriptible. Sería preferible cerrar los ojos para no ver. A causa de este frío tienen lugar en los caminos escenas trágicas. Cientos de niños mueren congelados. [...] Esta huida masiva ante los soviéticos pasará a la historia como el vía crucis del pueblo alemán[16].

Domingo, 21 de enero

Hacia el mediodía. Hitler se incorpora a su despacho de la nueva cancillería después de una noche de insomnio.

13.00 horas. Martin Bormann —morfología y temperamento de toro— presenta su informe al Führer sobre la situación en Noruega, en presencia de Josef Terboven, comisario del Reich en ese país; Lammers, jefe de la cancillería del Reich, y Ribbentrop, ministro de Asuntos Exteriores.

15.00 horas. El mismo trío recibe a Vidkun Quisling, ministro-presidente de Noruega —ocupada por 350.000 soldados alemanes— y también *Führer* de un partido afín a los nazis. Quisling ha acudido para hablar de la situación política y militar en el noreste de su país, donde los soviéticos han penetrado. También lleva la idea descabellada —para Hitler— de organizar en Viena un congreso paneuropeo en el que todas las naciones participen en pie de igualdad con el Reich.

La reunión se reanudará al día siguiente a la misma hora, sin grandes resultados en cuanto a la autonomía de Quisling, pero ante la terrible realidad de la política de tierra quemada que ha emprendido la Wehrmacht. En febrero, la totalidad de las 11.000 casas de la región de Hammerfest, en el extremo septentrional de Noruega, serán destruidas; 50.000 civiles serán evacuados por la fuerza y decenas de recalcitrantes serán fusilados.

Durante la tarde. Hitler ordena enviar a la totalidad de los jefes de unidad un télex en el que se limita estrictamente su autonomía en el campo de batalla. Bajo pena de sanciones draconianas, toda intención de retroceder o de abandonar una posición «debe serme comunicada con antelación suficiente para que pueda intervenir y seguir teniendo tiempo de dictar una eventual contraorden»[17]. Después de los arrestos de oficiales del 18 enero, el mensaje del Führer a la Wehrmacht no deja lugar a dudas: no se maniobra, se permanece en el puesto hasta la muerte. Hitler impone una rigidez cadavérica en materia operativa y táctica. Era la culminación de un proceso que se había iniciado ante Moscú en la Navidad de 1941. En esta fase de la guerra, eso apenas tenía importancia, pues las fuerzas alemanas no estaban en condiciones de tomar de manera significativa ninguna iniciativa. Hasta es posible que, desde su óptica de hacer durar la guerra el máximo posible, la táctica de las «ciudades fortalezas»[18] fuera la más eficaz.

Lunes, 22 de enero

«A mediodía —se revela en el diario del doctor Morell— [el Führer] tiene muy buen apetito. Ha dormido sin somníferos. Inyección de diez centímetros cúbicos de calcio y de glucosa más inyección de vitaminas y de extracto de hígado».

Durante la tarde. La conferencia de prensa del Gobierno termina con estas palabras: «El profesor de historia Alexander conde Schenk von Stauffenberg [...] no debe ser mencionado más en la prensa»[19]. Alexander sufre la *damnatio memoriae* de los enemigos del pueblo. Sus dos hermanos, Claus —el hombre que colocó la bomba destinada a Hitler el

20 de julio de 1944— y Berthold, fueron ejecutados después del atentado. Su esposa, Melita Schiller, al principio internada con su esposo y todos sus parientes en un campo de concentración, fue liberada al poco tiempo por su condición de ingeniera aeronáutica y piloto de ensayo indispensable para el esfuerzo de guerra. Se le prohíbe usar el apellido Stauffenberg. Será abatida poco antes del final de la guerra por un caza estadounidense cuando intentaba encontrar el rastro de su marido, evacuado de Buchenwald.

Ese mismo día. Un convoy de 2.224 judíos llega a Buchenwald procedente de Auschwitz y se anuncia un segundo de 916 «cabezas» para el día siguiente. También en tren, un transporte lleva a varios cientos de mujeres judías de Auschwitz a Ravensbrück, y otros dos, a unos 2.000 detenidos hacia Mauthausen. Una columna de mujeres evacuadas a pie de Auschwitz llega ante la estación de Loslau, en la Alta Silesia: los SS cuentan cincuenta supervivientes de un efectivo, a la salida, de seiscientos.

Por la noche. Reservó la velada a Goebbels. No se veían desde el 5 de enero. Sus relaciones no dejarán de intensificarse. Goebbels —cuerpo de niño que se contonea a causa de un pie zambo, ojos negros y afiebrados, rostro demacrado— encuentra al Führer «sorprendentemente fresco y en buen estado de salud. Resulta sorprendente ver cómo actúan sobre él las crisis. No lo cansan; al contrario, lo vuelven elástico y resistente». En primer lugar, se proyectan los últimos noticiarios cinematográficos. Las imágenes del despegue de los V2 interesan «extremadamente» a Hitler. A continuación se hace un repaso de la situación.

Ante la estupefacción de Goebbels, que culpa del desastre militar a la quiebra del mando, Hitler responde con lucidez —y al contrario de lo que dice a gritos a sus generales— que el frente ha cedido en Polonia porque se le ha privado de medios a causa de la ofensiva de las Ardenas y por el mal ca-

Despegue de un cohete V2, misil de fabricación alemana desarrollado a finales de la Segunda Guerra Mundial.

riz de los acontecimientos en Hungría. Repite a Goebbels que las tareas militares más urgentes son salvar la base industrial, ya sea el petróleo húngaro o el carbón de Silesia; a continuación, una «gran operación [...], a finales de febrero», estabilizará todo el Frente Oriental. Por su parte, Goebbels pide al Führer que guarde sus fuerzas para los grandes asuntos en vez de agotarse en decisiones de rutina militar. Propone nombrar a Himmler comandante en jefe de la Wehrmacht. Hitler se niega: el *Reichsführer*-SS tiene que demostrar antes sus capacidades militares. Por lo demás, la prueba ya había comenzado: dos días antes, Hitler había nombrado al jefe de las SS comandante del nuevo Grupo de Ejércitos del Vístula encargado de defender las proximidades de Berlín y de impedir el aislamiento de Prusia Oriental.

Hacia la medianoche, antes de despedirse, Hitler manifiesta su intención de «quedarse provisionalmente en Berlín». Goebbels concluye prosaicamente con respecto a este punto: «Lo que el Führer prefiere de su estancia en la cancillería es ante todo la posibilidad de dormir por fin en paz en el búnker»[20].

Martes, 23 de enero

Hacia las 11.00 horas. Al despertar, Hitler se entera de una serie de noticias catastróficas procedentes del Frente Oriental. Las vanguardias soviéticas han llegado hasta el Oder al norte y al sur de Breslavia, han franqueado el río congelado y establecido en la orilla occidental dos pequeñas cabezas de puente. Más al sur, han emprendido el cerco de la región industrial de Alta Silesia. La ciudad de Posen (la actual Poznan), declarada «fortaleza» el día 21, ha quedado cercada; su comandante, el general de Policía Mattern, recibe el encargo de «defenderla hasta el último aliento» con 11.000 hombres de tropas dispares, restos de divisiones en retirada, policías, miembros de las Juventudes Hitlerianas, batallones de la Volkssturm, cadetes.

En Prusia Oriental, las tropas del mariscal Rokossovski han llegado a la periferia de Elbing y han cortado las últimas vías férreas hacia el oeste. El 25 de enero llegarán al Báltico en Tolkemit, y Prusia Oriental quedará definitivamente aislada del Reich. Al ver a su 4.º Ejército en peligro, el general Hossbach retrocede precipitadamente, abandonando Gumbinnen, Insterburg, Goldap, la fortaleza de Lötzen. A su izquierda, el 3.er Ejército de Panzers se bate en retirada ante los ataques de Cherniajovski hasta veinticinco kilómetros de Königsberg.

Hacia el mediodía. Un despacho de la agencia de prensa DNB anuncia que el monumento nacional de Tannenberg ha sido dinamitado para que no caiga en manos de los bolcheviques. Los ataúdes de Paul Hindenburg y su esposa, así como las banderas de los regimientos prusianos, han sido puestos a buen recaudo por su hijo, el general Oskar von Hindenburg. La noticia debió de hacer mella en la moral de la población. En agosto de 1914, la invasión rusa fue contenida en seco en Tannenberg: ¿dónde estaba el Hindenburg de 1945? En su diario, Luise Solmitz, natural de Hamburgo, anota con sarcasmo: «¡Hindenburg, muerto, huye de los rusos!»[21].

Durante la tarde. En torno a Hitler se reúnen Bormann, Ribbentrop, Lammers, Keitel, Jodl, Dönitz y Göring. Conocemos el objeto de la reunión gracias al diario de Goebbels[22]. Ribbentrop ha acudido a proponer que se sondee diplomáticamente a los británicos. Hitler se niega rotundamente, aduciendo que cualquier iniciativa de ese género solo puede interpretarse como un signo de debilidad, habida cuenta de la situación militar. Todos los intentos del ministro de Asuntos Exteriores, tanto respecto al este como al oeste, acabarán igual. Ni él sabía ya a quién dirigirse: ¿a Stalin, Churchill o Roosevelt? Además, Goebbels —muy hostil a la persona de Ribbentrop— estaba empeñado en explicar al pueblo alemán que los angloamericanos, como los soviéticos, solo querían una cosa: la destrucción biológica del pueblo alemán. En el mejor de los casos, algunos de los presentes —Göring principalmente— estarían dispuestos a negociar una alianza con los occidentales, pero en absoluto a capitular en ninguno de los frentes. En cuanto a Hitler, hace ya tiempo que ha decidido que el Reich, si pierde militarmente, puede ganar otras dos guerras: la que libra contra los judíos —que en 1945 toca a su fin con la destrucción del noventa por ciento de los judíos que se encontraban al alcance de las SS y de la Wehrmacht entre 1939 y 1944— y la de la posteridad, que ocupa sus pensamientos durante los últimos cien días.

Durante la noche. En la prisión de Berlín-Plötzensee, una decena de oponentes del régimen son ahorcados con cuerdas de piano. Entre ellos, Helmuth James von Moltke, nieto del general prusiano al mando en 1914 y figura del círculo de opositores denominado «de Kreisau», y el exsecretario de Estado Erwin Planck, hijo del inventor de la física cuántica. En su agonía, el régimen nazi no duda en eliminar a todos sus enemigos políticos mientras pueda. «Si nos hundimos, nos llevaremos un mundo con nosotros», le gustaba repetir a Goebbels.

Miércoles, 24 de enero

Última hora de la tarde. Nueva entrevista de Hitler con Goebbels. El ministro de Propaganda, que posee «plenos poderes para la puesta en marcha de la guerra total», relata al Führer las atrocidades de las que los soviéticos son culpables en el este. Se ponen de acuerdo para darlas a conocer únicamente en el extranjero ya que, «si las hacemos públicas en el interior, los desórdenes en los convoyes de refugiados caerían en el pánico». Goebbels recupera entonces su decisión del otoño de 1944 de poner los crímenes soviéticos en primera línea de sus armas de propaganda.

En vez de reforzar el espíritu de resistencia, esta decisión no hizo más que precipitar la huida incontrolable de millones de refugiados. Una vez más, Hitler elogia el buen ejemplo que daba Stalin. ¿No se negó a capitular cuando la Wehrmacht ocupaba la parte más útil de su país? «La dirección bolchevique estaba dispuesta a concluir la paz con Alemania. Solo Stalin era entonces el alma de la resistencia soviética. [...] ¡Debemos combatir de forma tan fanática por la Alta Silesia como Stalin por Moscú!».

La inesperada identificación del dictador alemán con su homólogo del Kremlin no le impide haber ordenado, le dice a Goebbels, lanzar en el este a la totalidad de la Luftwaffe y las grandes unidades de la defensa antiaérea para utilizarlas en la lucha. Por este motivo, las grandes ciudades alemanas pierden una parte de su protección, ya escasa, contra los bombardeos aliados.

Hacia las 22.00 horas. Comienza la segunda reunión de situación, en la que se da un visto bueno relativo a la situación en el oeste, donde los anglosajones se muestran «prudentes y metódicos y, a pesar de su superioridad, no logran abrir ninguna brecha»[23]. El frente avanza con gran lentitud desde las inmediaciones de Güiliche, en la frontera neerlandesa, hasta Haguenau, en el norte de Alsacia, pasando por Saint-Vith (Ardenas belgas) y la frontera luxemburguesa. El Westwall se mantiene, el Reich solo está mermado alrededor de Aquisgrán. En el este, la situación sigue siendo muy grave en todas partes. Los soviéticos avanzan en Silesia, hacia el Oder, y han penetrado cumplidamente en Prusia Oriental.

Al parecer, esta reunión estuvo marcada por un incidente del que dieron cuenta en términos muy parecidos Guderian y Speer, que estuvieron presentes. El asunto tuvo su origen en una visita de Guderian a Von Ribbentrop esa misma mañana o a primera hora de la tarde. El jefe de Estado Mayor del OKH describió sin tapujos la situación militar al ministro de Asuntos Exteriores y concluyó, según Speer, con estas palabras: «Hemos perdido la guerra». Guderian afirma en sus memorias[24] que exhortó a Ribbentrop a acompañarlo ante Hitler para incitarlo a concluir un armisticio en el oeste. El ministro se indignó e informó de todo a su Führer. Durante la reunión, Hitler se dirigió a Guderian en términos violentos. Según Speer, habría espetado, fuera de sí:

> Prohíbo terminantemente que nadie haga generalizaciones o extraiga conclusiones de la situación general. ¡Eso sigue siendo de mi incumbencia! Aquel que, en el futuro, afirme que la guerra está perdida será clasificado entre los

traidores a su patria, con todas las consecuencias para él y su familia[25].

¿Tuvo lugar realmente esta escena? Es posible, aunque no es ni mucho menos seguro. Ni Goebbels ni Bormann hablaron de ella, algo que resulta como mínimo curioso tratándose de un incidente de carácter político que afectaba a su enemigo común, Ribbentrop. La versión de Speer parece haberse tomado directamente de las memorias de Guderian, habida cuenta de que después de la guerra ambos tenían el mismo interés: aparecer ante la posteridad como aquellos que intentaron salvar a Alemania en el último instante.

Al día siguiente, el doctor Morell anota en su diario: «Reunión de situación hasta las tres de la mañana. Té de las tres a las cinco. Mal sueño la noche precedente». Los berlineses, por su parte, duermen por fin y pueden reponer fuerzas: ninguna alerta aérea debido a las condiciones meteorológicas desfavorables sobre Inglaterra. La tregua, que había comenzado el 19 de enero, se prolongó hasta el 27 de enero y dio pábulo a las más disparatadas especulaciones sobre una paz cercana con los occidentales. Un tercio de los obreros de la ciudad estaba en paro técnico: la interrupción de las entregas de carbón de Silesia había reducido el suministro de corriente eléctrica en las fábricas de guerra.

Jueves, 25 de enero

Durante la mañana. La agencia DNB, que orienta los artículos de los diarios del Reich, se hace eco de un despacho de Reuter titulado: «Vansittart [exdiplomático británico partidario de una línea dura con respecto al Reich] se pronuncia por el desmembramiento de Alemania». Un segundo despacho, que cita una corresponsalía sueca, lleva como título: «*Weekly Review* exige la deportación masiva de los varones alemanes». Goebbels había dado instrucciones estrictas de acribillar a los alemanes con las «intenciones genocidas» de los aliados occidentales con respecto a ellos. ¡Increíble inversión de la situación real! Ninguna esperanza de acuerdo con el enemigo debía subsistir: «*Sieg oder Untergang!*» («¡La victoria o el fin!»).

Entre los demás despachos de DNB de ese día, el siguiente, destinado a asegurar al Ministerio de Propaganda la exclusividad de las fuentes de información: «Walter Neugebauer, de Finkenkrug, ha escuchado durante años las radios británica y americana. Ha difundido noticias del enemigo entre sus parientes y conocidos. [...] Ha sido ejecutado inmediatamente después de su juicio».

Durante la tarde. Hitler cambia de destino a todos los jefes de las SA responsables de las regiones que rodean Berlín. Se trata de una última medida —organizada por Bormann— de desconfianza hacia la organización que lo llevó al poder y a la que decapitó y degradó en 1934. Ante la proximidad de las tropas soviéticas, no cabía pensar en dejar la más mínima autoridad a personas que no fueran total y absolutamente fieles al Führer y su línea extremista.

18.00 horas. El buque Pretoria zarpa del puerto de Pillau, en Prusia Oriental, seguido por otros dos navíos civiles. El convoy es escoltado por unidades ligeras de la Kriegsmarine, la marina de guerra. A bordo, 22.000 refugiados ven alejarse sin ningún pesar los muelles abarrotados de gente. Pillau, que normalmente tenía doce mil habitantes, ahora contaba con… 200.000, todos candidatos a salir de allí. Los tres navíos desembarcarán su cargamento al día siguiente, sin incidentes, en Dantzig, Kolberg y Stettin. En total, 441.000 prusianos huirán del Ejército Rojo por este medio. El 4 de febrero, un decreto[26] firmado por Hitler pondrá un poco de orden en estas evacuaciones improvisadas y caóticas. Los refugiados serán embarcados a condición de que se hayan satisfecho de antemano las necesidades militares. Desembarcarán en Stettin, Swinemünde y en Dinamarca.

Viernes, 26 de enero

Hacia las 04.00 horas. Hitler se va a acostar después de haberle sido administrada una inyección de somníferos.

Primera hora de la tarde. En el balance de situación, Hitler es informado de que la fortaleza de Lötzen, la mejor construida y la mejor equipada, ha sido abandonada por el 4.º Ejército del general Hossbach. La línea de defensa sur de Prusia Oriental, la única viable, se ha perdido. El furor de Hitler no conoce límites cuando descubre que Hossbach y su superior, Reinhardt, han tomado la iniciativa de hacer retroceder al 4.º Ejército hacia la costa del Báltico para librarla de un nuevo Stalingrado. A las siete de la tarde, Hossbach ordena incluso atacar hacia el oeste para romper el cerco soviético, sin el aval de Guderian ni de Hitler.

21.00 horas. Hitler destituye a Reinhardt, uno de sus generales de más talento —hará otro tanto el día 30 con Hossbach—, y lo sustituye por Rendulic, un austriaco de reputación terrible. Este se presentará a Reinhardt el día 27 para hacer el traspaso de poderes rodeado de una nutrida guardia, convencido como ha sido por Hitler de que ha caído en medio de una banda de amotinados[27]. Rendulic era, como Schörner, el prototipo de oficial nacionalsocialista, dispuesto a tomar toda clase de medidas terroristas contra sus hombres y contra la población civil. En los ocho días que siguieron a su llegada, hizo fusilar a cincuenta y ocho soldados. El OKW lo citará como ejemplo[28] por haber rebajado con medidas draconianas el número de soldados «ocultos» de 16.000 a 14.

Durante la noche. Goebbels pasa por la cancillería para entrevistarse con Hitler. El general de las SS Sepp Dietrich está allí y presenta su informe sobre el traslado en curso de su 6.º Ejército de Panzers SS hacia Hungría. Hitler recuerda su estrategia en el este: proteger los pozos de petróleo, aplastar a los rusos en ese sector y, después, agrupadas todas las fuerzas, remontar y atacar el flanco que avanza hacia Berlín. Con su dialéctica paradójica, Hitler convence a sus dos invitados de que cuantas más victorias cosechen los rusos, más se resquebrajará la coalición aliada. Hay que aguantar, esperar el momento en que se quiebre para volver a tomar la iniciativa política, asegura.

No obstante, su razonamiento adolecía de un punto débil: era perfectamente posible que Roosevelt prefiriera la alianza con los rusos contra Japón a una «solución del problema europeo». A la espera de estos acontecimientos, concluye Goebbels, «hay que mantener la sangre fría y dominar los nervios. Se tomarán decisiones de la mayor importancia. Aunque espero con confianza que al final se vuelvan en nuestro favor»[29]. En privado o en *petit comité,* Hitler se mostraba una y otra vez capaz de convencer a cualquiera de sus visitantes de que el curso de la guerra se invertiría.

Sábado, 27 de enero

13.25 horas. Morell observa fuertes temblores en el brazo y la pierna izquierdos, de nuevo «a causa de la tensa situación militar». Inyecta glucosa y calcio.

Durante la tarde. Goebbels anota[30] que Hitler ha nombrado comandante militar de Berlín, bajo su autoridad directa, al general Von Hauenschild, «un oficial nacionalsocialista». La ciudad se integra cada vez más en el dispositivo militar del este.

16.20 horas. Comienza en la cancillería el balance de situación de mitad de jornada. Estamos bien informados sobre su desarrollo, ya que se ha conservado su acta taquigráfica[31]. Además de las taquígrafas, en torno a Hitler se hallan presentes veinticuatro personas, de las que veintiuna son militares. Guderian ha acudido con su ayudante de campo: sobre él, como jefe de Estado Mayor del OKH, recae la responsabilidad operativa del Frente Oriental. Keitel y Jodl, también flanqueados por sus ayudantes de campo, son los consejeros más próximos a Hitler en su calidad de número uno y número dos del OKW. Göring y el general Koller representan a la Luftwaffe, y el vicealmirante Voss y el contralmirante Von Puttkamer, a la Kriegsmarine. También están en torno a la mesa el general Burgdorf, director de personal del Ejército de Tierra; el general Scherff, responsable de los archivos militares, así como tres SS, entre ellos Fegelein, en representación de Himmler y casi cuñado de Hitler por estar casado con Gretl, la hermana de Eva Braun. Los civiles son el director del servicio meteorológico nacional, el embajador Hewel, por Asuntos Exteriores, y un responsable de segundo orden del partido nazi.

Después de una exposición sobre las previsiones meteorológicas, Guderian toma la palabra durante un buen rato para describir la situación en el Frente Oriental, sector a sector. A continuación, a iniciativa de Göring, que no tenía nada que decir, pues la Luftwaffe agonizaba, la discusión se volvió más confusa y pasó de la evacuación del campo de prisioneros aliados de Sagan a las tropas del general Vlásov, tránsfuga del Ejército Rojo, y al programa urgente de fabricación de armamento. Jodl regresó al frente y examinó los sectores occidentales, italianos y yugoslavos, antes de ceder la palabra a los representantes de la marina. Finalmente, la última hora transcurrió entre intercambios inconexos sobre el sistema de ascenso de los oficiales.

Durante esas dos horas y media, Hitler se expresó con claridad y pareció dominar todos los puntos tratados. Nadie puso en entredicho su autoridad ni sus prioridades: conservar el petróleo de Hungría y de Austria en primer lugar, cerrar la ruta de Berlín y «arreglárselas» para aguantar en el oeste. Nadie expresó tampoco la menor duda sobre el hecho de continuar la lucha. Las observaciones de Hitler sobre el debilitamiento de las divisiones blindadas como herramienta ofensiva eran pertinentes; también entendía plenamente que la base del esfuerzo de guerra del Reich se estaba hundiendo: pérdida de la cuenca industrial silesiana, escasez de municiones y combustibles, parálisis creciente de los transportes, relajación de la moral de los combatientes.

Aun así, nunca perdió de vista sus objetivos principales: esquivar todas las amenazas —en gran medida imaginarias— contra su poder absoluto y continuar la guerra hasta el final con la esperanza de que la coalición adversa se fragmentase. Y así, uno de los participantes propuso enviar al frente a los 6.000 elementos de las SS del cuartel de Berlín-Lichterfelde. Hitler se negó, sin lugar a dudas porque necesitaba a esos hombres para «defender» su capital de los disturbios que preveía, sobre todo del levantamiento de los 400.000 trabajadores extranjeros presentes en la ciudad[32], por no hablar de los 58.000 deportados del campo de Sachsenhausen, los más «peligrosos» de los cuales no tardarán en ser gaseados. De igual modo aceptó, por recomendación de Guderian, evacuar de forma prioritaria de las zonas amenazadas por los bolcheviques a los adolescentes susceptibles de ser incorporados en breve al Ejército.

En lo que respecta a la actitud de los británicos, la conversación merece ser citada por tratarse de una de las cantinelas de los cien últimos días:

> HITLER: ¿Creen ustedes que los ingleses siguen viendo con el mismo entusiasmo todo este avance de los rusos?
>
> JODL: No, seguramente no. No eran esos sus planes. Quizá se den cuenta plenamente de ello más tarde.
>
> GÖRING: Que nosotros aguantemos [en el oeste] y dejemos que los rusos conquisten toda Alemania, eso segura-

mente no va en su dirección. Si la situación llega hasta ese punto, dentro de unos días recibiremos un telegrama. [...]

HITLER: El Comité Nacional, esa organización de traidores, puede tener cierta significación. Si los rusos llaman realmente a la formación de un Gobierno [alemán], entonces en Inglaterra van a empezar a tener miedo. [...] He ordenado que se juegue una baza: a saber, anunciar que ellos [los rusos] dejan marchar contra nosotros a 200.000 de nuestros prisioneros, bajo la dirección de oficiales alemanes, completamente infectados de comunismo. [...] He pedido [este rumor] al Ministerio de Asuntos Exteriores. [...]

GÖRING: Ellos [los ingleses] entraron en la guerra para impedir que avanzáramos hacia el este, pero no para que el este llegue hasta el Atlántico.

HITLER: Está claro. Y es algo muy importante. Los periódicos ingleses ya escriben con amargura: «¿Qué sentido tiene esta guerra?».

18.50 horas. Se da por concluida la reunión.

19.36 horas. Suenan las sirenas. La Royal Air Force vuelve a dejar un buen recuerdo en los berlineses después de trece días sin ataques. Sesenta y tres Mosquitos han reanudado sus ataques nocturnos de hostigamiento.

Primera hora de la noche. Convocado por Hitler, Goebbels se presenta en la cancillería. Se entrevista primero con Guderian, que se queja del «menosprecio» del que son víctimas los oficiales de Estado Mayor. Goebbels le hace callar: «El atentado del 20 de julio contra el Führer nació en el seno del Estado Mayor. [...] Este tipo de cosas no se pueden reparar». A continuación, el ministro de Propaganda se entrevista con Göring, que aboga ante él por una solución política, una salida en dirección a los británicos, en la que sus amigos de Suecia podrían echar una mano. ¿Convencerá usted al Führer de hacer esa salida?, pregunta Göring a Goebbels, que evita dar una respuesta.

El ministro de Propaganda va después a encerrarse con Hitler «en privado». «Esta vez dio de nuevo la impresión de estar cansado. El trabajo intensivo de día y de noche lo había arruinado físicamente», escribe en su diario. Hitler repite a su ministro que «no existen actualmente posibilidades de entablar conversaciones con los occidentales». ¿Y en el lado ruso? Como en cada ocasión en que habla de Stalin, Hitler se deshace en elogios, pues le profesa «un firme respeto» y lo considera «un hombre de gran envergadura», pero también «la cabeza del complot bolchevique mundial», «el verdadero enemigo». «Dónde y cuándo se romperá la coalición enemiga, naturalmente no se puede prever ahora; pero el Führer se inclina a pensar que ese momento se acerca»[33].

Domingo, 28 de enero

Durante la mañana. Llega a las distintas oficinas del Ejército de Tierra una directiva de Hitler en la que se reconoce el escaso valor combativo de las unidades de la Volkssturm y de las unidades de alerta y de reemplazo cuando se enfrentan solas a los soviéticos. Ordena que se fusionen con las tropas regulares para mejorar su eficacia. La medida apenas surtirá efectos prácticos.

15.00 horas. Hitler recibe de nuevo al noruego Quisling en la cancillería en compañía de Ribbentrop, Lammers y

Bormann. Promete la independencia a su país «después del desenlace victorioso del combate fatídico de Europa».

Un poco más tarde. Hitler nombra oficialmente al general Andréi Vlásov, capturado en 1942, comandante en jefe de las fuerzas armadas rusas con uniforme alemán (compuestas entonces por unos 50.000 hombres). El acta establecía *de facto* el Ejército Ruso de Liberación Nacional (ROA) como aliado del Reich. En esa fase de la guerra, el nombramiento, concedido sin entusiasmo y con hastío por Hitler, solo tenía un alcance simbólico. De haberse producido en 1943, como había pedido una fracción rusófila del Ejército de Tierra, se habría podido cambiar el cariz del conflicto. Pero Hitler nunca tuvo la menor intención de renunciar a colonizar Rusia, las «Indias brumosas» del Reich.

Miembros de la ROA, Ejército ruso aliado del Reich.

Durante el día. El campo de concentración de Sachsenhausen recibe un tren de deportados políticos ucranianos y polacos evacuados de la Alta Silesia en vagones abiertos a veinte grados bajo cero: hay 238 cadáveres congelados, de pie, apretujados unos contra otros. Dos días después se produce una escena idéntica en el mismo lugar. En esta ocasión se trata de 2.000 judíos transferidos de Auschwitz:

> Había 261 cadáveres. Aquella gente había pasado diez días y diez noches en vagones abiertos y vagones de carbón, y estaban tumbados unos encima de otros en varias capas. No podían levantarse ni moverse. La capa del medio era la mejor parada, la de abajo y la de arriba estaban totalmente congeladas. No habían recibido nada de comer en diez días. Desde su llegada, los cirujanos amputan sin interrupción brazos y piernas. Los demás médicos intentan mantener con vida a los supervivientes. Pero, por supuesto, mueren en masa[34].

Última hora de la tarde. Goebbels vuelve a pasar un largo rato con Hitler. Agotado, tenso, el jefe describe sus interminables jornadas de dieciséis a dieciocho horas de trabajo. Después, como ocurría con frecuencia cuando estaba abatido, recuerda su larga lucha por el poder, rememorando cada episodio desde 1918. Goebbels escucha religiosamente. Más tarde, Hitler desvela el fondo de su pensamiento en sus dos facetas contradictorias. Por un lado, manifiesta su ausencia de ilusiones y su voluntad de acabar con brillantez, de «mostrarse digno de los grandes ejemplos de la historia». Por otro, busca razones para seguir esperando un cambio radical de la situación. En ambos casos, la condición del éxito es *hacer durar* la guerra lo más posible.

Goebbels, literalmente exaltado por su interlocutor, exagera acerca de la determinación de Roma de continuar la lucha en el peor momento de la segunda guerra púnica, sobre la de Federico el Grande durante la Guerra de los Siete Años, después de la derrota de Kunersdorf: «levanta» la moral de su Führer, de quien sabe que depende el edificio del Tercer Reich. Él también, como todos los dignatarios nazis, necesita al Führer para durar. Y todas las noches se obra el mismo milagro: aplastado por las malas noticias, presa de la duda, Goebbels encuentra valor y energía ante un Führer que «demuestra una inquebrantable confianza en su buena estrella»[35].

20.04 horas. Nueva alerta aérea, levantada a las 21.25 horas. La conversación entre Hitler y Goebbels continúa en el búnker, bajo dos metros de tierra y tres metros ochenta de hormigón.

Durante la noche. En su diario, Wilfred von Oven, consejero de prensa de Goebbels, anota estas líneas sobre la resistencia de Breslavia, a punto de ser cercada por el Ejército Rojo:

> El *Gauleiter* Hanke no se ha largado cobardemente, al contrario, ha organizado la resistencia y se ha puesto al frente. Como el burgomaestre en funciones de la ciudad, Spielhagen, estaba a punto de huir de la ciudad amenazada, ha mandado que lo fusile un pelotón de la Volkssturm en la plaza del mercado, delante de la estatua de Federico el Grande. En la orden leída a tal efecto se observa entre otras cosas: «Aquel que no quiera combatir con honor debe morir con vergüenza»[36].

La decisión de Hanke recibe la efusiva aprobación de Hitler.

Lunes, 29 de enero

Última hora de la tarde. Goebbels está con Hitler en compañía de Göring y Sepp Dietrich. La conversación, que terminará en el búnker a causa de la alerta, gira en torno a tres puntos: la ofensiva en Hungría, la desarticulación de la coalición enemiga y la organización de la defensa de Berlín. Sepp Dietrich informa de que las enormes dificultades de transporte y el dominio aéreo aliado obligan a retrasar durante varias semanas más el comienzo del ataque de sus SS. Mientras tanto, hay que contener a los rusos «con argucias», dice Hitler, para gran inquietud de Goebbels. En cuanto al segundo punto, las mismas esperanzas se sustentan en indicios cada vez más tenues: un artículo en la prensa británica, la proximidad de la «conferencia de los tres grandes» (Yalta), de la que se espera que ponga de manifiesto las contradicciones inherentes a la asociación del capitalismo y el comunismo.

Respecto a poner Berlín en pie de guerra, la medida se explica por una noticia que ha llegado esa mañana: los blindados soviéticos han perforado la última línea seria de resistencia antes del Oder, las fortificaciones de Meseritz-Tirschtigel, a doscientos kilómetros al este de la capital. A toda prisa, el general Von Hauenschild hace instalar en la periferia una red de alerta y barreras antitanque. Ante el estupor de la población, se excava, se levantan los adoquines, se cavan zanjas, se cierran y abren accesos con pasos en zigzag improvisados. Justo antes de entrar en presencia del Führer,

Göring habla de una eventual evacuación de la ciudad. Goebbels replica: «Es prácticamente imposible. Berlín es una ciudad de cuatro millones de habitantes, que alberga una gran parte de la industria de armamento y casi toda la Administración del Reich»[37]. Al día siguiente, Hitler rechazará cualquier evacuación de su capital.

Martes, 30 de enero

Mediodía. Según su costumbre, Bormann presenta a Hitler un breve informe sobre la situación en el seno del partido, del que es el jefe indiscutido, además de ser el secretario cancerbero del Führer. Bormann, que profesaba una fidelidad absoluta a Hitler, desempeñó un papel central en el Reich agonizante. Reunía los deseos, las palabras y los anhelos del Führer y los transformaba en órdenes que hacía llegar al aparato del partido. Llevaba la agenda de su jefe y filtraba el acceso a su persona. Paliaba en parte la gestión caótica de Hitler, su tendencia a la dilación, su desinterés por el aspecto administrativo de las cosas.

Después del almuerzo, estrictamente vegetariano. El Führer recibe al secretario de Estado de Propaganda, Werner Naumann, sin duda enviado por Goebbels para preparar el gran discurso de esa noche con motivo del duodécimo aniversario de la llegada al poder. La visita nos permite suponer también que el texto se grabó aquella tarde en cinta magnetofónica. Quizá, como Goebbels le había indicado, Hitler utilizó esta nueva técnica para borrar lo que no fuera de su agrado de la primera toma.

13.00 horas. Morell inyecta glucosa, vitaminas, calcio y extracto de hígado.

Durante la tarde. Speer hace llegar un largo memorándum a Hitler a través del ayudante de campo Von Below. El ministro de Armamento expone la situación catastrófica de la economía en general y de la industria de armamento en particular. Y concluye con claridad: «La valentía de los soldados no podría contrarrestar por más tiempo la superioridad material del enemigo»[38].

20.00 horas. El todo Berlín se congrega ataviado con frac y vestido largo en las escaleras del Tauentzienpalast, la gigantesca sala de cine en la que tienen lugar los estrenos de la UFA, la gran empresa cinematográfica alemana. Se proyecta *Kolberg,* una enorme producción en color dirigida por Veit Harlan, con Heinrich Georg y Kristina Söderbaum, esposa de Harlan, en los papeles protagonistas. El Ministerio de Propaganda ha invertido una fortuna en esta película histórica en la que aparecen 10.000 figurantes de uniforme y 6.000 caballos. La Wehrmacht ha prestado más de 180.000 hombres para las obras de nivelación del terreno. El guion —reescrito en parte por Goebbels— se basaba en una interpretación nacionalsocialista del asedio de la ciudad de Kolberg, en Pomerania, por las tropas de Napoleón en 1807. Apoyados por la población, galvanizada a su vez por el burgomaestre Nettelbeck, los soldados del conde Von Gneisenau resistieron todos los asaltos hasta la paz de Tilsit.

El argumento propagandístico era evidente: la energía, la fe en la victoria, la tenacidad podían imponerse a un gran número de enemigos moralmente inferiores; la fusión entre

Sala de cine Tauentzienpalast, en el distrito berlinés de Schöneberg, gestionado por la UFA, donde se proyectaban sus grandes estrenos.

combatientes y no combatientes, la voluntad de luchar hasta la última gota de sangre triunfaban sobre todas las relaciones de fuerzas. «Los libres ciudadanos [...] de Kolberg prefieren dejarse enterrar bajo las ruinas de sus muros antes que romper su juramento a su señor y rey!», exclamaba Nettelbeck-Georg haciendo referencia directa al juramento de fidelidad prestado a Hitler por las fuerzas armadas y la Volkssturm.

La película se proyectará hasta en la base de submarinos de La Rochelle, aún en poder del Reich. Varios millones de alemanes acudirán a verla. Goebbels anotó en su diario: «El Führer está entusiasmado con los efectos del film, que ha causado una enorme impresión en su proyección en el Estado Mayor general». Al contrario que en el guion de Goebbels, Kolberg caerá en manos del Ejército Rojo el 18 de marzo de 1945. El comandante de la plaza, coronel Fullriede, hará caso omiso de las órdenes de resistir hasta la muerte: prefirió evacuar, bajo la protección de dos destructores, a 70.000 mujeres y niños de una ciudad en llamas en la que ya se consumían 10.000 cadáveres.

21.16 horas. El capitán de corbeta Marinesko, comandante del submarino soviético S-13, ordena disparar cuatro torpedos en dirección a un gran navío situado a seiscientos metros, no lejos del faro de Hela, en el golfo de Dantzig. Tres artefactos impactan en el casco del crucero Wilhelm Gustloff, que se hunde en una hora en las aguas heladas del Báltico. Hay poco más de 1.200 supervivientes entre los 6.600 pasajeros. Las víctimas son en su mayoría mujeres, niños y soldados heridos, pero también hay 900 hombres de élite del arma submarina[39]. Es, con diferencia, la mayor catástrofe marítima de la historia.

22.15 horas. Los alemanes oyen por última vez la voz de su Führer en la radio. El texto[40] se publicará en los periódicos del día siguiente. Este discurso fue el más breve jamás pronunciado por el dictador: veinte minutos en vez de los noventa a ciento cincuenta habituales. Según varios testigos de la época, Hitler habló en «un tono lúgubre»[41], con «una seriedad mayor que nunca»[42]. En el texto no hay nada que infunda esperanza, es sombrío y violento. En 2.500 palabras observamos el empleo de más de treinta términos negativos: destrucción, exterminio, erradicación, crueldad, muerte, enfermedad, cementerio, ruinas, hundimiento, horror, conspiración, dolor, desdicha, drama, mentira, lamento…

En el fondo, los alemanes solo oyeron una retahíla de maldiciones contra los «asiáticos», la plutocracia y el bolchevismo —las dos caras de la conspiración judía mundial—, llamadas al combate, amenazas de muerte contra aquellos que en el seno del pueblo alemán se mostrasen «cobardes o sin carácter». Ni una palabra sobre la situación del momento, ninguna perspectiva o iniciativa concretas, ninguna «arma milagrosa», ninguna solución concebible al margen del Führer:

> Del deber [de combatir por mi pueblo] solo puede liberarme Aquel que me lo ha encomendado. Solo estaba en manos de la Providencia que yo fuera liquidado por la bomba del 20 de julio que explotó a un metro y medio de mí. Que el Todopoderoso[43] me protegiera ese día me parece la confirmación de la misión que Él me ha confiado. En los años venideros […] no me apartaré de este camino, guiado por la santa convicción de que al final el Todopoderoso no abandonará a quien, en toda su vida, nunca ha querido otra cosa que salvar a su pueblo de un destino que no ha merecido […].

En los últimos minutos del discurso se llama a todos los alemanes, hombres, mujeres y niños, con buena salud y enfermos, a entregarse «en cuerpo y alma» a la lucha final con «el fanatismo más extremo». Por último, Hitler no se resiste a implorar «la gracia y la bendición del Todopoderoso». Cuando la voz gutural se calla, hay un silencio y después, como de costumbre, resuenan los dos himnos nacionales, prolongados por un programa de marchas militares.

El discurso no hace ninguna gracia a la opinión pública, y hasta el propio Goebbels, que ha hecho todo lo posible para que un Hitler reticente se decidiera a hablar, apenas lo nombra en su diario. «Y ahora Adolf nos declara la guerra», se oye en las calles de Berlín. Un empleado de los servicios de información de las SS escribe en su diario: «Sus palabras no dejan que nazca ninguna esperanza. Me ha trastornado esa resolución fanática, el estilo y el contenido del discurso, que raya en la locura»[44].

Durante la noche. Tres mil judíos evacuados de los campos satélites de Stutthof, en su mayoría mujeres, son masacrados con ametralladoras por sus guardias de las SS y de las Juventudes Hitlerianas, en Palmnicken, a orillas del Báltico. Tenían que embarcar en Pillau para ser conducidos hacia los puertos del oeste, pero el avance del Ejército Rojo selló su destino.

En el mismo momento. En la prisión de Sonnenburg, a cien kilómetros al este de Berlín, un comando integrado por efectivos de las SS y policías ejecuta en cadena a más de ochocientos detenidos, muchos de ellos enfermos. Su suerte estaba echada de antemano, en caso de aproximación del Ejército Rojo, por el *Gauleiter* de Brandemburgo, Emil Stürz, los servicios de seguridad y el fiscal general.

Ejecuciones masivas en la prisión de Sonnenburg (Polonia), donde la Gestapo ejecutó a más de ochocientos prisioneros la noche del 30 al 31 de enero.

Miércoles, 31 de enero

06.00 horas. Dos batallones del 5.º Ejército de Choque del Primer Frente Bielorruso cruzan el Oder helado, a quince kilómetros al norte de Küstrin, y toman el pueblo de Kienitz. Se asiste a una escena surrealista: el jefe de estación, sorprendido al levantarse, pregunta al coronel soviético que aparece ante él: «¿Dejará usted que salga el tren de Berlín?». El coronel responde: «Lo siento, pero es imposible. El servicio de pasajeros para Berlín va a sufrir una interrupción momentánea»[45]. Berlín está a sesenta y cinco kilómetros de Kienitz por la carretera nacional número 1. Al día siguiente, los soviéticos establecerán otras cabezas de puente al sur de Küstrin.

Mediodía. Hitler recibe con urgencia a Goebbels y al general Von Hauenschild. Ratifica las medidas de defensa de la capital, especialmente el transporte en tren especial desde Leipzig de 25.000 *panzerfausts,* armas antitanque portátiles. Goebbels lo encuentra revitalizado por la proximidad del peligro. Hitler ordena a la Luftwaffe que haga saltar con bombas los cuarenta centímetros de hielo que cubren el Oder para impedir que los rusos pasen a pie. Pero, según Goebbels, la infame meteorología no permite los despegues. Preocupado, como todos los berlineses, el ministro de Propaganda hace venir desde Lanke, donde tiene su propiedad, a su mujer y sus seis hijos.

Poco después. Por la vía del rumor, la increíble noticia ha llegado a los berlineses. Wilfred von Oven reseña así el acontecimiento en su diario:

> ¡Stalin *ante portas!* Este grito de terror se extiende como un reguero de pólvora a través de la capital del Reich, des-

pués de que se haya sabido esta mañana que los rusos han logrado cruzar el Oder. Han lanzado una cabeza de puente en Kienitz, al oeste del río, y presionan hacia Wriezen con un centenar de carros de combate. Wriezen está a sesenta/setenta kilómetros de Berlín. Entre Wriezen y Berlín no hay nada. Ni cañones antitanque, ni barreras antitanque, ni un solo soldado. Un tanque puede recorrer los setenta kilómetros en dos horas. El centenar de tanques rusos anunciado puede por tanto estar sin dificultad hacia el mediodía en el distrito gubernamental. Esta posibilidad causa el efecto de un electrochoque. [...] En la población ha habido naturalmente algunos desórdenes. Los rumores más descabellados nacían cuando se acondicionaban las posiciones y las barreras antitanque en las calles. Todo el mundo dice haber visto tanques rusos en puntos de la periferia oriental de Berlín o al menos haber oído el ruido de sus cadenas. Las cajas de ahorro y las tiendas de alimentación son desvalijadas[46].

La noticia era un poco exagerada: ningún tanque ruso había cruzado el Oder. Pero todo lo demás era cierto: las tropas del Primer Frente Bielorruso del mariscal Zhúkov habían avanzado seiscientos kilómetros en diecisiete días, habían destruido dos ejércitos alemanes y sus vanguardias se encontraban a setenta kilómetros de la cancillería. En las semanas siguientes, Hitler, como los dos millones y medio de berlineses que se habían quedado en la capital, podría aspirar desde su despacho el olor de los bosques del Oder consumidos por el incendio de los combates.

Durante el día. Se despachan varias directivas firmadas por Hitler. En una de ellas se asigna la máxima prioridad al programa de armamento de urgencia decidido el 23 de enero. No son hombres lo que falta, sino armas y municiones. Hasta la reconquista o la reanudación total de la actividad en el Ruhr y Silesia, todos los medios restantes se concentran en un pequeño número de programas, entre ellos las armas individuales portátiles. Esta elección solo podía explicarse por la intención de Hitler de frenar al adversario no en campo abierto, sino en combates urbanos. Estas decisiones no surtirán efecto en la práctica: la industria estaba en fase de parálisis a causa de la falta de carbón, electricidad y medios de transporte.

Durante la noche. La velada comienza con la ya tradicional conversación entre Hitler y Goebbels. El Führer pide al *Gauleiter* que anule su requerimiento de la mañana en relación con ciento cincuenta tanques y cañones de asalto que acaban de salir de las cadenas de producción de las fábricas berlinesas. Quiere emplearlos en el Oder para rechazar a los rusos, lo que puede significar que en ese momento preveía la batalla de Berlín como una batalla *delante* de la ciudad y no *dentro de* la ciudad. Críticas a Guderian por su falta de brío: «Un hombre cansado», a juicio del Führer. Cuando Goebbels le anuncia que su mujer y sus hijos no tienen intención de abandonar Berlín a la hora del peligro, Hitler replica que Eva Braun ha tomado la misma decisión, mientras que *Frau* Göring, por su parte, ha ido a esconderse en Berchtesgaden. Abundando en este tema, Hitler se deja llevar, por primera vez, y expresa sus dudas sobre las disposiciones adoptadas en 1941 que convertían al *Reichsmarschall* Göring en su delfín. Hitler reafirma que por el momento no hay nada que emprender en dirección a los occidentales, que no envían la menor señal que invite a una toma de contacto. Hitler se va a acostar relativamente pronto para sus costumbres. Ninguna alerta le obliga a bajar al búnker.

Páginas de la Historia

Una ruina física, una voluntad intacta

El Hitler que regresa a Berlín el 16 de enero de 1945 no es el mismo que llegó a la estación de Anhalt el 6 de julio de 1940 en el mismo tren. Aquel hombre, vitoreado en su recorrido hasta la cancillería por una marea humana enardecida por la victoria sobre Francia, poseía un dinamismo físico, una capacidad de seducción de las multitudes y de los individuos totalmente fuera de lo normal. Cinco años después de su mayor triunfo, Hitler, que el 20 de abril de 1945 cumpliría cincuenta y seis años, parecía tener veinte años más. Encorvado, cargado de hombros, con el paso cansino y el cabello encanecido, las más de las veces despertaba en sus interlocutores piedad, estupefacción o pavor, sentimientos todos ellos que, cuando los percibía en una mirada, despertaban su cólera.

La mirada de sus ojos de color azul grisáceo, que se describía como «magnética» o «intensa», se había apagado, devorada por enormes bolsas, en medio de un rostro arrugado, de tez terrosa. Necesitaba gafas para leer, aun cuando todos los documentos a él destinados estaban mecanografiados en caracteres tres veces más grandes de lo normal. La luz le hacía daño, su dentadura estaba cariada, su aliento era espantoso y su sueño desastroso. Su sistema digestivo estaba perturbado hasta el punto de que era incapaz de contener sus flatulencias, una fuente constante de humillación. Padecía hipertensión y esclerosis coronaria. La aplastante carga de trabajo, la ausencia de ejercicio, los búnkeres insalubres en los que se había enclaustrado durante cuatro años y, sobre todo, las derrotas que se habían ido encadenando a partir del otoño de 1942 no habían mejorado el cuadro clínico. Hasta Stalin, pese a ser llevado por las alas de la victoria, saldrá agotado y enfermo de la gran prueba.

¿Fue Hitler envenenado, como se lee con frecuencia, por los medicamentos, a veces estrambóticos, de su médico personal, Theodor Morell? Los analistas más serios —los doctores Schenck y Gibbels— rechazan esta idea. De los noventa y tres medicamentos que prescribió, «solo cuarenta y siete pueden considerarse serios»[47]. Morell inyectó sobre todo, por vía intravenosa o intramuscular, vitaminas y hormonas. La cuestión de la tolerancia a las anfetaminas, en cambio, no está zanjada. Si bien Morell solo administró durante poco tiempo la famosa Pervitine, está por determinar qué dosis ocultas pudo inyectar con la denominación Vitamultine[48].

Pero todos estos males, por muy fastidiosos que fueran, no eran nada en comparación con la enfermedad de Parkinson. Hoy no cabe ninguna duda de que Hitler estaba afectado por ella. En aquel entonces, solo dos médicos plantearon el diagnóstico correcto: el psiquiatra Max de Crinis y el doctor Ernst Schenck[49]; Morell no lo reconoció hasta abril de 1945.

A comienzos de la década de 1990, la doctora Ellen Gibbels, neuróloga y psiquiatra alemana de renombre, analizó noventa películas en las que aparecía Hitler y una treintena de testimonios de personas que lo frecuentaron. Sus conclusiones son categóricas[50]: las primeras señales de parkinsonismo aparecieron en agosto de 1941. Y después no cesaron de multiplicarse y agravarse. Los brazos y las piernas, sobre todo del lado izquierdo, se veían agitados por temblores rápidos (de cuatro a seis por segundo) que, al querer controlarlos, a veces arrastraban a la cabeza y la parte superior del cuerpo en una oscilación grotesca. El cuerpo se tensaba cada vez más, los movimientos se volvían más lentos, el rostro perdía su expresión, la voz se apagaba. Hacia el final, Hitler era incapaz de escribir y, para tumbarse, su mayordomo tenía que levantarle las piernas. Una «ruina», dirá el ministro Albert Speer de él.

En una escala internacional de cinco, Ellen Gibbels sitúa en dos el estado de gravedad que alcanzó la enfermedad de Parkinson en Hitler. ¿Es suficiente para provocar trastornos intelectuales? La psiquiatra responde con claridad que no. El juicio, la expresión, la memoria, la capacidad de concentración y el control de sí mismo no se vieron afectados. Hitler siguió siendo Hitler. Sus enfados eran violentos, desconfiaba de todo el mundo, se sobrevaloraba, siempre quería tener razón, le costaba decidir, se perdía en los detalles, se repetía y rememoraba con gusto el pasado. Ignoraba aquello que le molestaba y a menudo se engañaba a sí mismo. Sus accesos de optimismo parecían delirantes, su obstinación no conocía límites. El encantamiento, la creencia en los milagros acompañaban a su razonamiento. Pero todos estos rasgos estaban ya presentes *antes* de la enfermedad de Parkinson y, si se agravaron, la situación política, militar y psicológica tuvo más peso a este respecto que la degeneración del sistema nervioso central. Hasta el final, Hitler se mostró capaz de captar al vuelo una situación militar, de imponer su voluntad a sus generales, de encontrar energía para arrastrar a su entorno y su país hacia el suicidio.

En el terreno del comportamiento, la modificación más espectacular fue el creciente aislamiento voluntario. El encierro de Hitler a principios de marzo de 1945 en un búnker subterráneo prolongó y amplificó de modo espectacular un repliegue personal y político considerable desde 1941. El hombre que, antes de 1933, celebraba dos mítines al día, el jefe que entre 1933 y 1939 recibió a miles de invitados en el Berghof, aquel hombre había desaparecido con la campaña de Rusia y, de modo más sorprendente si cabe para su entorno, con el desastre de Stalingrado.

La última escapada al Berghof databa del 14 de julio de 1944. El último discurso ante ciudadanos corrientes —doscientos empleados del Ministerio de Armamento— se remontaba al 4 de julio de 1944. La última intervención en la radio tuvo lugar el 30 de enero de 1945, con ocasión del duodécimo aniversario de la llegada al poder, tras la cual Goebbels no logró arrancarle nunca de un discurso «churchilliano». El círculo de Hitler, que nunca fue muy numeroso y que la vigilancia de Bormann seguía esforzándose en reducir, se estrechó cada vez más. Bormann y Goebbels fueron los dos últimos allegados, políticamente hablando. El escaso afecto del que Hitler era capaz se dirigía a sus secretarias y al personal de servicio, a Eva Braun y a la perra Blondi.

El baño de sangre de la Wehrmacht

A partir del otoño de 1944, la Wehrmacht se sumió en un caos administrativo cada vez mayor. Uno de los efectos de esta pérdida de eficiencia fue que sus jefes desconocían el nivel real de las pérdidas que sufrían durante los últimos meses del conflicto. Mucho tiempo después de la guerra, los historiadores se decantarán por tres o cuatro millones de soldados alemanes muertos durante la Segunda Guerra Mundial. Varios trabajos de historiadores, en primera fila de los cuales se encuentran los de Rüdiger Overmans, han establecido sólidamente el total en 5,3 millones, de los que cuatro millones corresponden al frente ruso.

El otro descubrimiento es que más de la cuarta parte de los que murieron en combate —1,4 millones— cayeron entre el 1 de enero y el 9 de mayo de 1945. Los meses de enero, febrero, marzo y abril de 1945 fueron, con diferencia, los más sangrientos de la guerra para Alemania. Enero posee el récord absoluto con 451.742 muertos, dos tercios de ellos ante el Ejército Rojo. Cada día de ese mes, cinco regimientos fueron exterminados y, contando heridos y prisioneros, de tres a cuatro divisiones desaparecieron del orden de batalla. En febrero, marzo y abril se registraron cerca de 300.000 muertos[51]. En los cuatro primeros meses de 1945 murieron tantos soldados alemanes como durante los cuatro primeros años de guerra, ¡tantos como entre 1914 y 1916!

La calidad de las unidades ya no tenía nada que ver con la del pasado. Los oficiales, en número insuficiente, carecían de la experiencia necesaria. Los soldados, muy jóvenes o demasiado viejos, o en mala condición física, solo habían recibido un adiestramiento sumario. Caían como moscas en el primer enfrentamiento. La mayoría de las unidades no disponían ni de un tercio de los efectivos previstos por las ordenanzas[52], ni de la mitad de los vehículos indispensables, y demasiado poca gasolina para circular. Las comunicaciones habían caído tan bajo que se había vuelto a los tiempos de los enlaces y, en lo que se refiere al teléfono, el mando tuvo que fijar en tres minutos la duración máxima de las llamadas[53]. El apoyo de la artillería fallaba en gran medida,

Niños soldado de Hitler reclutados al final de la guerra para hacer frente al Ejército Rojo.

sobre todo por falta de municiones, por no hablar del apoyo de la aviación, inexistente. En unas condiciones materiales tan deplorables, el precio de la resistencia se pagó con pérdidas catastróficas.

Hitler se compró literalmente un suplemento de vida con la sangre de esos soldados mal pagados cuando, por tradición y a diferencia del Ejército Rojo, el Ejército alemán siempre había intentado limitar sus pérdidas. Durante toda la guerra, la Wehrmacht fue a la caza de sus reclutas. Pero, en los últimos meses, recurrió a los últimos extremos. Las escuelas de formación se habían vaciado, los instructores habían sido enviados al frente, los convalecientes habían sido sacados de los hospitales. El 5 de marzo, un decreto del Führer destinó al servicio activo a la quinta de 1929. Varios miles de niños de dieciséis años recibieron instrucción en batallones de marcha o fueron alistados en la brigada de las Juventudes Hitlerianas y enviados, con sus *panzerfausts* al hombro, directamente al frente del Oder. En enero, en febrero, en marzo de 1945, Goebbels, a quien Hitler había otorgado plenos poderes en la materia el 26 de enero, sacó de las fábricas a 80.000 trabajadores para enviarlos a que recibieran instrucción, pero esos hombres apenas demostraron más valor militar que la célebre milicia popular Volkssturm.

El partido nazi, que estuvo en el origen de la creación de la milicia Volkssturm en septiembre de 1944, contaba con esa reserva teórica de 13,5 millones de hombres de entre dieciséis y sesenta años para resolver el problema crónico de los efectivos. Pero solo entre 350.000 y 400.000 hombres fueron llamados realmente, en las peores condiciones. No había uniformes, ni calzado, las armas eran escasas: un fusil italiano con sesenta cartuchos la mayoría de las veces. El aspecto de la Volkssturm era tan penoso que despertaba las burlas. «¿Qué es lo que tiene oro en la boca, plata en el pelo y plomo en los huesos? Un miembro de la Volkssturm»[54], decía un chiste en boga a finales de 1944. Los batallones de la Volkssturm solo tendrán alguna utilidad frente a los soviéticos, y solo en los combates urbanos.

A este respecto, debemos desmentir una faceta del «mito de la Wehrmacht»: que combatió con orden y disciplina hasta el final, movida únicamente por el deseo de proteger a la población, por su fidelidad al Führer y a sus propias tradiciones. No se discute que la mayoría de los soldados alemanes se batieron hasta finales de marzo de 1945 en el oeste y hasta finales de abril en el este. Las pérdidas así lo demuestran. Sin embargo, el número de prisioneros nos indica que la voluntad de luchar hasta el sacrificio último era cada vez menos frecuente: entre 600.000 y 700.000 soldados se rindieron desde enero hasta marzo de 1945, según una estimación mínima. No había *una* actitud del soldado alemán ante la derrota previsible, sino múltiples. La edad aparece como un factor determinante. Las generaciones que pasaron por las Juventudes Hitlerianas —1926-1929, es decir, 650.000 soldados— y que nunca aprendieron otra cosa que a combatir se mostraron las más receptivas a la propaganda del régimen, las más apasionadas y las más dispuestas a morir. En cambio, los más viejos, los nacidos antes de 1900 —1,5 millones de hombres—, manifestaron un ardor mucho menor, dicho sea como un eufemismo. En cuanto a la mayoría de los diez millones de soldados nacidos entre 1900 y 1925, todos los informes enviados a la jerarquía indican que estaban, en su gran mayoría, física y psíquicamente agotados, resignados, apáticos.

Miembros de la Volkssturm, milicia forzosa enviada a la lucha en las peores condiciones materiales.

Una minoría creciente de soldados se negaba a continuar el combate. Fritz Wüllner[55] ha calculado en un mínimo de 300.000 el número de desertores en el segundo semestre de 1944. Todo hace pensar que este número aumentó en 1945. El 28 de febrero de 1945, Bormann estimaba que entre medio millón y 600.000 hombres se desplazaban de forma permanente a las retaguardias de los Ejércitos con falsos permisos o falsas órdenes de misión[56]. En el Ejército de Reserva *(Ersatzheer)*, un informe del 1 de febrero señalaba que de los 2,1 millones de hombres en formación o ingresados en los hospitales, 310.000 no tenían un estatuto claro.

En total, tal vez un millón de soldados alemanes se encontraban en febrero 1945 al margen o en los límites del marco legal impuesto por el régimen. Esta cifra es más importante si cabe ya que los riesgos a los que se exponían estos hombres eran enormes. Si cerca de 20.000 soldados de la Wehrmacht fueron fusilados después de juicio durante la Segunda Guerra Mundial —48 durante la Primera—, se desconoce el número de ejecuciones salvajes que se perpetraron en los últimos meses. No obstante, la mayoría de los testimonios permiten apuntar que fueron miles.

Febrero de 1945

Día 88-Día 61
(1 de febrero-28 de febrero)

Jueves, 1 de febrero

Durante la madrugada. Enormes crujidos anuncian el deshielo del Oder. A mediodía, los termómetros marcan cinco grados centígrados, una temperatura muy suave para la fecha y la región. Al día siguiente, Himmler dirá a Guderian: «La llegada del deshielo es para nosotros un regalo del destino. Dios no se ha olvidado del valeroso pueblo alemán»[1]. En unos días, la llanura polaca está anegada de barro y los ríos se desbordan, y la logística soviética se ve en gran medida paralizada. Los tanques y todo el material pesado no pueden cruzar sobre el hielo. Es necesario acometer largas operaciones de construcción de puentes. Las posibilidades de que los soviéticos tomen Berlín con un golpe de mano, suponiendo que Stalin haya querido intentarlo, quedan reducidas a la nada.

13.25 horas. Theodor Morell administra una inyección de glucosa y calcio. Encuentra al Führer «perfectamente».

Durante la tarde. Bormann da a conocer una directiva del Führer que prohíbe el acceso a sus aposentos de las personas no autorizadas expresamente. Bormann refuerza su poder para filtrar las visitas a su conveniencia.

La denominada Ofensiva Vístula-Oder fue desarrollada entre los días 12 de enero y 2 de febrero de 1945. En la imagen, tropas soviéticas atravesando el Oder.

Al anochecer. Hitler recibe a Willi Stöhr y lo nombra *Gauleiter* de Westmark (Sarre-Palatinado) en presencia de Martin Bormann. El Führer ha nombrado personalmente a cada uno de los «virreyes» de los cuarenta y tres *Gaue* —o provincias— con los que contaba el Reich en su apogeo, en 1941. Estos hombres estaban dotados de los poderes más amplios, en todos los ámbitos, incluidos los militares, en su calidad de comisarios para la defensa del Reich. Estaban ligados al Führer por un vínculo personal indisoluble. En los últimos cien días desempeñaron un papel crucial en la movilización popular y en el endurecimiento de la represión contra los enemigos reales o supuestos del Reich.

Durante este tiempo se proyecta para Goebbels la película de propaganda soviética *Leningrado en lucha,* que muestra —escribe Wilfred von Oven— «el cerco, la defensa y la liberación final de esta heroica ciudad. La película ha causado una gran impresión al ministro. Debe ser proyectada para todo el mundo como ejemplo alentador para la defensa de Berlín»[2]. Definitivamente, la URSS de 1941 inspira al Reich de 1945.

20.06 horas. Las sirenas de alarma se activan ante la presencia de 116 Mosquitos británicos que obligan a millones de personas a refugiarse en los sótanos y los diversos refugios. Estos ataques nocturnos, poco destructivos, agotan a la población berlinesa. La gente duerme vestida, con la maleta cerca. Hitler ha exigido ser avisado antes que nadie de la llegada de los aviones para tener tiempo de afeitarse y cambiarse antes de bajar los 38 escalones que conducen a su búnker privado.

Viernes, 2 de febrero

Durante la madrugada. Carl Friedrich Goerdeler, exalcalde de Leipzig y miembro eminente de la conspiración del 20 de julio de 1944, es ahorcado en la prisión de Berlín-Plötzensee. Tras él, otro conjurado, el exministro de Finanzas Johannes Popitz y el sacerdote jesuita Alfred Delp, opositor por razones morales. Hitler ha dado la orden de negarles la asistencia religiosa, filmar su larga agonía y no entregar los cuerpos a las familias, sino enviar a estas la factura por los «gastos de ejecución». El odio del Führer no conoce límites cuando se trata de esos «neocriminales de noviembre» cuya eclosión quiere impedir a toda costa.

Al amanecer. Fuga del campo de concentración de Mauthausen, en Austria: 500 prisioneros soviéticos, casi todos oficiales, de los que 300 sobreviven a las ráfagas de los centinelas y logran llegar a los bosques. Durante tres semanas se organiza una abominable «cacería de conejos». Miembros de las SS, la Gestapo, la Wehrmacht, la Volkssturm, las Juventudes Hitlerianas y el partido nazi organizan una gigantesca batida, ayudados por la población local, hombres, mujeres y niños. Todos los evadidos, excepto once, son capturados y ejecutados o apaleados hasta la muerte y sus cuerpos apilados en montones en la plaza de Ried in der Riedmark, a la manera de un cuadro de caza.

En la pequeña ciudad de Markt-Bohrau, en la Baja Sajonia, ahorcan en un poste de telégrafos a un zapatero de nombre Hönig, después de un juicio sumario por cobardía y por negarse a servir en la Volkssturm. La soga se rompe. El oficial de la Wehrmacht a cargo de la ejecución la lleva a cabo con varios disparos de pistola. Unos días antes, Hönig, visiblemente beodo, se había pasado de la raya, había insultado a Hitler y había alentado a sus compañeros a tirar sus herramientas. El *Gauleiter* intervino personalmente para que el hombre pagara el precio más alto.

Sábado, 3 de febrero

10.27 horas. 939 fortalezas volantes escoltadas por 600 cazas atacan Berlín, especialmente el centro y el distrito gubernamental. Los jefes aliados pretenden conseguir un «efecto Róterdam» —el ataque alemán sobre esta ciudad que supuestamente provocó la capitulación holandesa en mayo de 1940— destruyendo toda presencia gubernamental visible. Para Goebbels se trata de un regalo de los anglosajones a Stalin para «hacerse perdonar» su inactividad militar[3]. Los cuatrimotores lanzan 1.854 toneladas de bombas explosivas y 540 toneladas de artefactos incendiarios. Mueren o se da por desaparecidos a 3.255 berlineses, cerca de 2.000 resultan heridos y 120.000 se quedan sin hogar.

Uno de los muertos es Roland Freisler, el sanguinario fiscal del «tribunal popular» encargado de reprimir la conspiración del 20 de julio. Al desaparecer bajo una bomba con todos sus colaboradores, el juez nazi salva sin querer la vida de uno de los condenados, Fabian von Schlabrendorff, cuyo expediente llevaba en su cartera. 3.200 edificios quedan totalmente destruidos o sufren graves daños. Los 400 cañones que protegían la ciudad derriban únicamente 27 bombarderos; la Luftwaffe brilla por su ausencia[4]. No hay gas, electricidad, teléfono, transportes colectivos. Decenas de miles de trabajadores extranjeros y de deportados se ponen a trabajar sin pérdida de tiempo para despejar el eje oeste-este, vital desde el punto de vista militar, para localizar y retirar las bombas que no han explotado, sondear los sótanos, liberar a los sepultados, recoger y enterrar a los muertos.

Según el diario de Bormann, «la nueva cancillería, la antecámara, el comedor, el invernadero, pero también la cancillería del partido, han sufrido grandes desperfectos. La fachada de la cancillería ha sufrido mucho»[5]. En los días siguientes se acondicionará de manera precipitada el despacho de Hitler en la nueva cancillería y sus aposentos en la antigua. Este ataque no conseguirá el «efecto Róterdam» más que los demás. Al día siguiente, cuando aún no se han apagado todos los incendios, la vida se reanuda a duras penas. De nuevo se comienza a minar los puentes, a tapiar la puerta de Brandemburgo, a cavar trincheras, a instalar campos de minas, de acuerdo con el plan de defensa que preveía varios anillos defensivos concéntricos alrededor del distrito gubernamental.

El bombardeo ha destruido también el edificio del cuartel general de la Gestapo, con una consecuencia inesperada: el jefe de la seguridad del Reich, Ernst Kaltenbrunner, comunica a todos los escalones inferiores de la policía secreta que en lo sucesivo tendrán que tomar las decisiones por sí mismos. Esta descentralización del terror fue uno de los factores que incidieron en la multiplicación de los asesinatos de detenidos, judíos y trabajadores extranjeros que caracterizaron la agonía del Reich. La base se muestra al menos tan radical como la cúspide.

Mediodía. Morell inyecta a su paciente su poción preferida: glucosa, calcio, vitaminas y extracto de hígado.

Domingo, 4 de febrero

16.00 horas. Con la asistencia de la totalidad de la dirección militar se celebra el balance de situación de mitad de jornada, marcado por un nuevo altercado entre Hitler y Guderian respecto al carácter de la contraofensiva que se había de emprender en el este. Guderian pide con la mayor insistencia que se proceda en primer lugar a la evacuación del medio millón de hombres atrapados en Curlandia. A continuación, expone su plan: el ataque adoptará la forma de un movimiento de pinza, con el Grupo de Ejércitos del Vístula reforzado con tropas de Curlandia al norte, en Pomerania, y el 6.º Ejército de Panzers SS al sur.

De acuerdo con la más pura tradición de las armas germánicas, Guderian busca una gran batalla de cerco, sin preocuparse de otra cosa. Hitler lo rechaza y reitera su postura: los Ejércitos 16.º y 18.º se quedarán en Curlandia, pero se les sustraerán varias divisiones; el 6.º Ejército de Panzers SS atacará en Hungría para conservar para el Reich un mínimo de petróleo, que ya no se puede transportar y que solo puede ser consumido *in situ*. Guderian ve que se le escapa la última ocasión de mantener a distancia al Ejército Rojo y, según cree, de poder negociar con los occidentales. Se resiste, discute, roza la insolencia. Fuera de sí, Hitler se planta ante él. Primero Göring y después el general Thomale, por dos veces, tienen que sacar a Guderian de la sala para evitar, escribe este, «una agresión física del Führer».

Hitler sigue dominando el terreno. La contraofensiva no será un movimiento de pinza, sino un golpe directo asestado desde Pomerania en dirección a la fortaleza de Küstrin, en poder de las fuerzas alemanas. Y se atacará como estaba previsto en Hungría para «reconquistar la línea del Danubio». Tanto Guderian como Hitler viven en un mundo de ilusión: uno, soñando con grandes operaciones que ya no son posibles habida cuenta del estado de la Wehrmacht y de la potencia del adversario; el otro, expresando la opción de una guerra que aún puede durar mucho tiempo. A nuestro entender, la única diferencia es que Guderian creía sin duda en su plan y en una última oportunidad; Hitler quizá no.

17.00 horas. En el salón de baile del palacio de Livadia, desde su silla de ruedas empujada por un marine, el presidente Roosevelt declara abierta la primera reunión plenaria de la conferencia de Yalta, en la Crimea soviética. La dirección alemana de la guerra no para de hablar de esta reunión desde hace dos semanas, sin tener la más mínima idea del lugar en el que se celebrará, lo que demuestra lo bajo que han caído los servicios de información exteriores y la red diplomática del Reich. Hitler no piensa que en la conferencia pueda producirse la ruptura de la coalición aliada. Le preocupa más que los tres grandes puedan dirigirse al pueblo alemán para animarlo a desembarazarse de los nazis. El comunicado de prensa del Gobierno del Reich así lo hace saber:

> Es previsible que hoy o mañana se publique un comunicado después de la conferencia de los tres grandes, [...] que reedite para el pueblo alemán las mentiras wilsonianas. Es el deber de la prensa preparar al pueblo alemán para estos nuevos intentos de engaño. Debemos resaltar que con el aplastamiento del Reich el enemigo persigue el exterminio del pueblo alemán[6].

Radicalización, rechazo de todo compromiso, inversión fantasmal del pueblo exterminador en pueblo a punto de ser exterminado, el *leitmotiv* sigue siendo el mismo.

Lunes, 5 de febrero

El ministro de Justicia da a conocer los principios por los que se regirá la liberación de los detenidos en las prisiones del Reich. La medida afecta a 200.000 personas, repartidas en varios cientos de centros de detención. En determinados casos, si el avance de los Aliados así lo exige, se podrá proceder a la ampliación de ciertas categorías de prisioneros. Quedaban excluidos de esta disposición: los detenidos políticos, los judíos, los medio judíos, los gitanos, los soldados de la Wehrmacht. Aunque estos últimos podían ser reincorporados a la fuerza, las otras cuatro categorías serían evacuadas lo antes posible. La circular no decía lo que procedía hacer cuando la evacuación fuera imposible. Sin embargo, ningún director de prisión albergaba dudas respecto a las disposiciones que tendría que adoptar llegado el caso.

13.00 horas. El doctor Morell procede a administrar una inyección de glucosa, calcio, vitaminas y extracto de hígado.

Primeras horas de la tarde. Goebbels se dirige a la cancillería para entrevistarse con Hitler. Le deprime el espectáculo de los desperfectos que ha sufrido el edificio. Hay tantos escombros y cascotes que, escribe, es necesario «abrirse camino como a través de un laberinto de trincheras». En el búnker donde Hitler se ha refugiado, el ministro se sobrecoge una vez más «al ver al Führer en un estado físico tan deteriorado. Pero esta forma enclenque está animada por un espíritu y una voluntad volcánicos dignos de admiración»[7]. La conversación gira en torno a la amenaza soviética contra la capital. La batalla de Berlín se librará en el Oder, dice Hitler, que sin embargo se declara decidido a permanecer en la ciudad hasta el final y a luchar en ella, como Stalin en Moscú en el invierno de 1941. En ningún caso se contemplaría la evacuación de las autoridades, a excepción de algunos núcleos administrativos que podrían replegarse a Oberhof, en Turingia.

16.00 horas. Se abre la conferencia militar. Están presentes Göring, Himmler, Bormann, Guderian, Keitel, Jodl y Dönitz. Hitler les estrecha la mano uno a uno, en silencio. Cerca de la puerta está el capitán Gerhard Boldt, primer oficial de ordenanza de Guderian, que nunca ha visto a Hitler. Le indican por señas que se acerque al Führer, que en ese mismo momento avanza hacia él:

> Despacio, terriblemente encorvado, con pasitos cortos, viene hacia mí. Me tiende la mano derecha y me mira con un aire extraordinariamente penetrante. Su apretón de manos es flácido y blando, sin fuerza. Su cabeza se mueve ligeramente. [...] Su brazo izquierdo pende, inerte, y la mano es agitada por un violento temblor. Sus ojos emiten un brillo indescriptible que produce una impresión que asusta, no natural. Su rostro y las bolsas debajo de los ojos indican cansancio, agotamiento. Sus movimientos son los de un anciano. [...] Arrastrando los pies, acompañado de Bormann, se dirige a su mesa de trabajo y se sienta delante de la montaña de los diez mapas que ha llevado el Estado Mayor general[8].

Jodl es el primero en intervenir. En el oeste, poca actividad: los Aliados se reagrupan para lanzar una próxima ofensiva. Tampoco hay gran cosa en Italia. Guderian expone a su vez la situación en el este. El Ejército Rojo continúa su avance en Prusia Occidental, en Silesia y en Pomerania, pero a un ritmo mucho más lento. Dönitz es el último en expresarse. Se ha puesto de acuerdo con Guderian para pedir la evacuación por mar de los dos ejércitos bloqueados en Curlandia. Nueva negativa de Hitler, que teme la reacción de Suecia.

Respecto a este último punto, Hitler sigue aparentando que tiene una política exterior y que defiende un propósito estratégico. Ya hemos visto de qué se trata. Solo creía en él a medias, pero fingía para mantener la esperanza en su entorno y hacer que lo acompañase hasta el último momento en su final «heroico». En realidad, en el terreno diplomático, Alemania ya no era más que un objeto pasivo en los propósitos de sus adversarios. Así, la agencia DNB informa que el comunista Bierut ha anunciado la anexión de Silesia y Prusia Oriental a Polonia, sin esperar el resultado de la conferencia de Yalta. Stalin es el único amo del juego en el este. Lo que piense o haga Berlín carece ya de importancia.

Hacia las 19.00 horas. Hitler recibe a Albert Speer y su brazo derecho, Karl-Otto Saur. El Führer trata con frialdad al ministro, pero se muestra amable con su subordinado. Solo al final de la entrevista se dirige a Speer y le habla del memorándum del 31 de enero:

> Sí, usted puede escribir de la manera que considere sobre el estado de nuestros armamentos, pero le prohíbo que de

ello extraiga conclusión alguna. Tampoco le está permitido transmitir una copia a nadie [Speer ha puesto a Goebbels al corriente sin pedir el beneplácito de Hitler]. Tampoco puede escribir —su voz se vuelve fría y cortante— lo que ha escrito en su último párrafo. [...] Es a mí a quien corresponde decir qué conclusiones se pueden extraer de la situación[9].

Y también a Hitler le corresponde despedir a Speer como si fuera un criado. No suelta una parcela de su poder, ni siquiera ante el más brillante de los tecnócratas nazis a quien le une una relación casi paternal. Es el único, absolutamente el único, que define cómo será el fin de conflicto.

Medianoche. Eva Braun festeja su treinta y siete cumpleaños en su habitación, en el primer piso de la antigua cancillería. Están presentes su amante, su hermana Gretl, su cuñado el general de las SS Hermann Fegelein, y Karl Brandt, uno de los exmédicos de Hitler, con el inevitable Martin Bormann. En una carta a su mujer, este dice encontrar a Eva Braun de buen humor, pero «con la lengua afilada» contra ciertas personas, cuyos nombres no se mencionan.

Bormann abandona la pequeña fiesta para ir a entrevistarse con Goebbels. Ambos están de acuerdo con los informes procedentes tanto de los *Gauleiters* como de los generales, en particular de Busse, comandante del 9.º Ejército emplazado entre Berlín y los rusos: los soldados tampoco combaten ya tan bien. Los ataques ordenados contra las pequeñas cabezas de puente soviéticas al oeste del Oder no conducen a nada o ni siquiera se lanzan. El «método Schörner» es el mejor: fusilar a cobardes, desertores, extraviados, un método que el general Busse se esfuerza por imitar en el

Oder, donde decenas de soldados son ejecutados en febrero. «Debemos cortar de raíz esta psicosis de la retirada, si es necesario haciendo uso de castigos bárbaros»[10], escribe Goebbels, que jamás en su vida ha portado armas. Los responsables políticos recibirán el mismo trato. Durante el día, en Schwedt, Kurt Flöter, alcalde de Königsberg y comandante de la Volkssturm local, es ahorcado por una unidad de las SS al mando de Otto Skorzeny por haber abandonado su ciudad asediada sin que se le hubiera ordenado. Acto seguido, un general de la Luftwaffe y cuatro soldados también serán ahorcados debajo de un puente[11].

En el campo de Sachsenhausen, 225.000 judíos son enviados a la cámara de gas. El detenido político noruego Odd Nansen anota en su diario[12] que esos hombres, evacuados del campo satélite de Lieberose, habían llegado en tal estado de abatimiento y debilidad que apenas cabían dudas sobre el destino que les tenían reservado sus carceleros. Unas horas más tarde, cuarenta y dos prisioneros de guerra soviéticos —«miserables siluetas tambaleantes», escribe Nansen— son asesinados de la misma manera.

Martes, 6 de febrero

Un tren cargado con 1.210 judíos de diversas nacionalidades llega a Suiza procedente del campo de concentración de Theresienstadt. A través de Jean-Marie Musy, exmiembro del Consejo Federal helvético y simpatizante del Reich, un grupo sionista suizo, con el respaldo del Gobierno de Estados Unidos, ha pagado por su liberación mil dólares por cabeza, precio fijado por Himmler durante una reunión celebrada en Wilbald, en la Selva Negra, el 12 de enero. Entre 1.200 y 1.800 deportados debían ser transportados cada quince días. Al enterarse de la noticia por artículos de la prensa suiza, Hitler monta una escena violenta y ordena que se fusile en el acto a todo alemán que ayude a la evasión de un judío. Himmler para toda la operación, pero no tardará en reanudar sus maniobras para intercambiar judíos por contactos políticos en el extranjero. Se imagina que de ese modo prepara una negociación separada con los occidentales.

Miércoles, 7 de febrero

Durante la tarde. Reunión de Hitler con Martin Bormann, Guderian y su jefe de Estado Mayor, Wenck[13]. La presencia del *Gauleiter* de Prusia Oriental, Erich Koch, permite suponer que se habló de la situación militar en torno a Königsberg. Los rusos están delante de las fortificaciones de la ciudad desde el 28 de enero. Los desertores de la Wehrmacht se esconden por millares en los sótanos. Koch ha mandado ahorcar a varias decenas. El 30 de enero, un contraataque del Cuerpo Blindado de élite *Grossdeutschland* restableció un estrecho corredor entre la antigua capital real de Prusia y la bolsa de Heiligenbeil, donde estaban encerrados, de espaldas a la laguna del Frisches Haff, los 200.000 hombres del 4.° Ejército. De este modo se consigue un respiro.

La lectura del diario de Goebbels —entrada del 8 de febrero— permite adivinar la razón por la que Hitler ha convocado a Koch y Guderian. El Führer está obnubilado con la idea de que Stalin se dispone a constituir, en torno al mariscal de campo Paulus, capturado en Stalingrado, un contra-Gobierno alemán y a instalarlo en Königsberg, de acuerdo con el modelo del «comité de Lublin» polaco. Este temor no es ajeno a su decisión de hacer todo lo posible para conservar a cualquier precio esa ciudad. Es probable que Koch, el más brutal, el más corrupto de los *Gauleiters,* haya asegurado que no tolerará ningún ablandamiento entre los 50.000 defensores y los 100.000 habitantes que han quedado en la ciudad.

Durante la noche. Goebbels se dirige de nuevo a los aposentos de Hitler, y este le «da una impresión de agotamiento». Himmler se presentará mientras se mantiene la conversación, así como otros personajes, uno de los cuales lleva la noticia del bombardeo de Viena. Los daños causados al pa-

Durante la Segunda Guerra Mundial, Viena fue bombardeada más de cincuenta veces. Entre febrero y marzo, recibió 80.000 toneladas de bombas de los aviones británicos y estadounidenses.

trimonio arquitectónico son considerables y los presentes deploran a coro la barbarie aliada. El Führer reafirma a todos que la situación militar en el este está en vías de estabilización y que prepara una contraofensiva. Goebbels, que lleva una semana oyendo la misma cantinela, se declara —en su diario— escéptico: «En los últimos meses el jefe ya se ha equivocado varias veces en la valoración de la situación militar». Goebbels se alarma, pues sabe a ciencia cierta que el refuerzo del Frente Oriental ha dejado el Frente Occidental en una situación de gran debilidad.

Sin embargo, desde hace varios días las señales de una ofensiva anglosajona se multiplican. Hitler le rebate una vez más con facilidad pidiéndole que siga el ejemplo de Stalin a finales del otoño de 1941:

> En ese momento, una gran parte de la oligarquía soviética estaba dispuesta a una paz de compromiso. Pero Stalin era el hombre que preconizaba un desarrollo duro y consecuente de la guerra y que lo llevó a buen término. Despachó con destino a Kuibishev a los débiles de la dirección bolchevique[14].

Pero Stalin tenía excelentes generales, añade Goebbels, para quien solo Model, Schörner y Rendulic merecen aprobación. Goebbels añade que Himmler le causaba una impresión excelente en su nueva función de jefe del Grupo de Ejércitos del Vístula. Y concluye que la velada le había dejado «una imagen positiva, de las que solo podían fortalecer el alma».

¿El poder de convicción de Hitler se había impuesto una vez más a las dudas del ministro de Propaganda? No, es cierto que Goebbels no se deja engañar. Él también, como

Hitler, finge. El diario de uno de sus principales colaboradores, Wilfred von Oven, nos informa sobre el estado de ánimo del ministro unas horas antes de su encuentro con el Führer. Durante la comida familiar, Goebbels suelta esta diatriba:

> Hoy ha quedado absolutamente claro [...] que es definitivamente demasiado tarde para poder utilizar en nuestro beneficio la desunión de los Aliados. Hemos llegado demasiado cerca del abismo. [...] [Tengo] la convicción de que esta guerra ya no puede girar en nuestro beneficio —ni siquiera a buen precio—, ni militar ni políticamente, y que no nos queda otra cosa que hacer que hundirnos de pie para legar un ejemplo a la posteridad [...].

Frau Goebbels rompe a llorar. «Se ha hecho con veneno para ella y los niños, y lo lleva permanentemente consigo», añade Von Oven[15].

En Duisburgo son fusilados los miembros de la «banda Kowalenko», que tomaba su nombre de su presunto jefe, un joven deportado ucraniano evadido. En total, veintinueve trabajadores del este que vivían marginados serán ejecutados en los cuatro días. En octubre y noviembre de 1944, en Colonia-Ehrenfeld, ya habían sido ahorcados veinticuatro jóvenes, el grupo llamado de los «piratas de Edelweiss». Otros veinticuatro serán ajusticiados en Duisburgo el 21 de marzo de 1945 y setenta en Hannover a principios de marzo.

En todos los casos, se trataba de bandas de adolescentes o de jóvenes que sobrevivían al margen en el caos de las ruinas y los sótanos de las ciudades destruidas. Entre ellos había trabajadores forzados a los que la destrucción de las fábricas había dejado sin empleo, desertores de la Wehrmacht, judíos acosados, prisioneros evadidos, jóvenes adeptos de la cultura angloamericana, alemanes refractarios a la movilización para la guerra total.

Jueves, 8 de febrero

05.00 horas. El XXI Grupo de Ejércitos, bajo el mando del mariscal Montgomery, lanza la Operación Veritable, con el objetivo de conquistar, desde el este de Nimega, el espacio entre el Mosa y el Rin a fin de situarse en posición de cruzar este río. La superioridad aliada en hombres, armas y municiones es abrumadora, pero el terreno es difícil —el macizo del Reichswald—, está sembrado de minas, inundado en gran parte y defendido por una tropa excelente, el 1.er Ejército de Paracaidistas. En el mismo momento, el Primer Frente Ucraniano del mariscal Kóniev comienza la Operación de la Baja Silesia. El objetivo es llevar al Ejército Rojo al río Neisse, cien kilómetros más al oeste, con objeto de amenazar Berlín por el sur.

Allí donde Montgomery avanza tres kilómetros, los tanquistas soviéticos devoran entre treinta y sesenta kilómetros según los sectores y se disponen a cercar la capital de Silesia, Breslavia —esto se hará el día 13—, donde se encuentran 35.000 defensores y 116.000 civiles. La ofensiva de Kóniev provocará la evacuación del campo de concentración silesiano de Gross-Rosen, uno de los más poblados, con 125.000 deportados. A pie o en vagones descubiertos, una nueva marcha de la muerte llevará a los «enemigos del régimen» más al oeste al precio de 10.000 nuevos cadáveres.

Durante el día. El médico de las SS Helmut Poppendick escribe una carta a su superior, Karl Brandt, en la que le informa de los resultados satisfactorios que ha obtenido en los últimos experimentos de envenenamiento de deportados mediante aguas contaminadas. Pide permiso para iniciar una nueva serie de pruebas consistentes en hacer ingerir a los detenidos dosis masivas de gases de combate. Poppendick pide a Brandt que obtenga la aprobación de Himmler para esos experimentos, cuya «importancia y significación fundamentales no ofrecen ninguna duda». Himmler hará que se le conteste por teléfono que no tiene nada en contra, pero que «la situación presente aconseja sin embargo renunciar»[16].

Durante la noche. Hitler reúne en torno a un té con pastelitos a Eva Braun y al cuñado de esta, el general de las SS Fegelein, a Martin Bormann, Albert Speer y al arquitecto Hermann Giesler, encargado de la reconstrucción de Linz[17]. Sin duda se habla de la instalación en curso de la maqueta de la futura Linz, supervisada por el arquitecto que ha venido desde Múnich, donde su hermano Paul es *Gauleiter.* El otro objeto de la reunión es, previsiblemente, el viaje a Múnich de Eva y su hermana embarazada, Gretl, ordenado por Hitler y previsto para la noche del día siguiente. Cabe suponer que el alejamiento de Eva Braun obedecía a razones de seguridad —los bombardeos, que Hitler esperaba que fueran cada vez más violentos— y a la voluntad de permitir que la joven goce de cierto sosiego en su ciudad natal, en la que seguían viviendo sus padres. Eva Braun había invitado a Speer, a quien consideraba un amigo, para que recibiera el perdón de su amante. La excusa arquitectónica fue bienvenida.

Viernes, 9 de febrero

04.00 horas. Hitler se dirige a uno de los sótanos de la nueva cancillería, donde Hermann Giesler ha mandado bajar una gran maqueta en madera de su proyecto para Linz. Literalmente fascinado, permanece allí hasta el amanecer examinando las perspectivas abiertas sobre las orillas del Danubio, admirando el campanario gigante de la tumba de sus padres, diseñando él mismo escaleras, fachadas y balcones[18]. Para la secretaria Christa Schroeder, también presente: «En esos momentos, se olvidaba por completo de la guerra; se olvidaba de todo su cansancio y nos explicaba durante horas todos los detalles de la reconstrucción que planeaba para la ciudad natal de su padre»[19].

En realidad, Alois, el padre de Hitler, había nacido en Spital, en la región del Waldviertel. Es más probable que a su

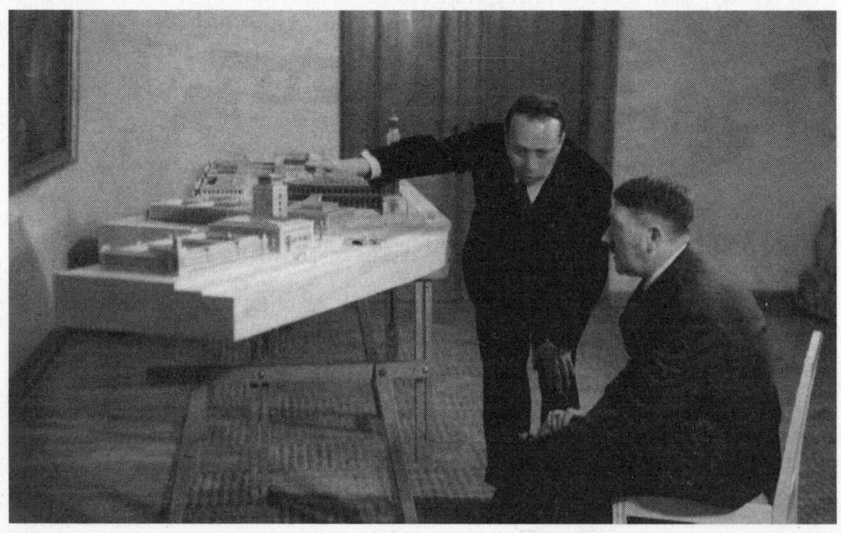

Hitler frente a la maqueta de la ciudad de Linz junto al arquitecto Hermann Giesler, encargado del proyecto.

hijo Linz le evocara su juventud y su madre. A no ser que hubiera recordado haber deseado, después de la victoria, retirarse —«con la señorita Braun y mi perro»[20]— en el monte Frein, que domina la ciudad, y morir y ser enterrado allí. El testimonio de Giesler respalda la última hipótesis: «Volvía sin cesar a los bocetos de su propio mausoleo»[21]. Este sueño de la grandeza de Linz se materializó en la fundación de un gigantesco museo para el cual, entre abril de 1943 y marzo de 1944, Hitler compró 881 obras de arte, 395 de las cuales eran cuadros holandeses de los siglos XVII y XVIII[22]. Hitler volverá a bajar a ver la maqueta al día siguiente a las tres de la mañana, y después el 13 de febrero a las 18.45, si creemos lo que nos dicen las notas tomadas por su mayordomo Linge.

12.26 horas. Caen sobre Weimar 1.400 bombas explosivas estadounidenses. La ciudad sufre enormes daños y pierde a 462 habitantes. Las casas de Goethe, Schiller y Lucas Cranach resultaron seriamente dañadas, la de Bach quedó totalmente destruida. Goebbels anota en su diario que «de las cartas que me llegan solo se desprende desesperación. El pueblo ya no ve por el momento ninguna posibilidad. A continuación, se suceden las críticas a la dirección en gran escala, en parte dirigidas contra el propio Führer»[23].

Sábado, 10 de febrero

13.10 horas. Hitler pide al doctor Morell que le practique una sangría, a pesar de que su tensión es normal. Reitera su petición después de un primer fracaso doloroso. Le siguen una inyección de glucosa y vitaminas y una prescripción diaria de varios medicamentos, calmantes nerviosos y diversas ayudas para la digestión.

Durante la tarde. El balance de la situación militar deja constancia de las primeras preocupaciones con respecto al oeste. Montgomery ha llegado a la periferia de Cleves, donde se libran violentos combates. El Rin solo está ya a diez kilómetros. El mariscal de campo Model afirma que la situación está bajo control. Sin embargo, se ve obligado a volar los diques del río y la presa de Heimbach para ralentizar el avance de los británicos. La crecida de las aguas también impide que el 9.º Ejército de Estados Unidos inicie la Operación Granade, que debía lanzarse desde el sur al encuentro de los británicos.

Goebbels escribe en su diario:

> Estudio detenidamente la información recopilada en su momento sobre la defensa de Leningrado y Moscú para utilizarla en una eventual defensa de Berlín. Me baso sobre todo en una memoria sobre la defensa de Leningrado la magnitud de las pérdidas sufridas por los soviéticos para mantener esta ciudad. Registró un millón de muertos nada más que por hambre. Su defensa solo fue posible por la determinación sin piedad de la dirección bolchevique hacia la población. [...] Creo que tendremos que utilizar los mismos métodos en Berlín si queremos obtener el mismo resultado[24].

Varios transportes llevan a Buchenwald a 6.805 deportados de Gross-Rosen. En los vagones, los cadáveres se cuentan por centenares.

Domingo, 11 de febrero

Mediodía. Morell inyecta glucosa y vitaminas. Los temblores son menos violentos, sobre todo en la pierna izquierda. Prescribe un tratamiento contra las flatulencias y preconiza «la reducción del volumen de líquidos absorbidos».

20.00 horas. A pesar de la orden de Hitler de aguantar en el sitio, el general Pfeffer-Wildenbruch ordena a sus tropas que se abran paso fuera de Budapest después de cuarenta y ocho días de asedio. Son 23.900 soldados alemanes, 20.000 soldados húngaros y 800 civiles vinculados al movimiento de la Cruz Flechada los que se ponen en marcha hacia el oeste. Pfeffer-Wildenbruch ha mandado destruir todos los aparatos de radio para asegurarse de que no le llega ninguna contraorden. Advertidos, los soviéticos hacen llover sobre las columnas un diluvio de artillería y de armas automáticas. La matanza es espantosa. Los comandantes de las dos divisiones de las SS se suicidan. Pfeffer-Wildenbruch es capturado. Solo 788 hombres llegan a las líneas alemanas. La bandera roja se iza en la ciudadela de Buda.

Durante la noche. Goebbels y Hitler mantienen una larga reunión a solas en el despacho de la cancillería, y después en los aposentos privados. El dictador se muestra optimista en lo relativo a la situación militar, y considera que está en vías de estabilización. Goebbels le aconseja que lo aproveche para intentar una salida en dirección a los ingleses. Su interlocutor le responde una vez más: «No es el momento. La coalición enemiga va a estallar este año. [...] Las guerras de coalición no acaban nunca con la configuración en la que comenzaron». Al cabo de varias horas de conversación, Goebbels parece volver a creer en los cuentos que le repite el Führer: «Las ocasiones políticas no surgirán hasta el último, hasta el ultimísimo minuto. Él es el hombre que se necesita para esperar ese minuto»[25].

Lunes, 12 de febrero

13.05 horas. El doctor Morell extrae 230 centilitros de sangre, sin necesidad médica, dice, y solo ante la insistencia del paciente. «Fuertes temblores de la mano derecha a causa del violento enfado de la víspera»[26].

Última hora de la tarde. Fracasa el quinto ataque para liquidar las cabezas de puente soviéticas al oeste del Oder, en el eje de Berlín, bajo un diluvio de fuego. Los asaltos que llevan a cabo las divisiones del 9.º Ejército se asemejan a los que lanzó el Ejército Rojo en 1941 y 1942: una erosión descabellada, un combate mediante grupos pequeños, ataques frontales sangrientos; una infantería que se hunde en el barro hasta las rodillas; un uso sistemático del terror: decenas de ahorcados se balanceaban en los árboles entre Küstrin y Seelow, exhibiendo carteles infamantes. A ese precio terrible, si no se hace retroceder a los soviéticos, al menos se los contiene. Pero la sensación de impotencia, la evidente superioridad del Ejército Rojo, las enormes pérdidas y el agotamiento se impusieron poco a poco a la moral de la tropa. La víspera se han contado más de 35.000 extraviados y desertores en el campo de instrucción de Spandau, donde reinaba «un estado de ánimo lamentable», escribió Goebbels, que pide al general Von Hauenschild, comandante de la plaza de Berlín, que fusile con la mayor determinación. «Debemos trabajar con el método de Clemenceau y de Stalin», le espeta.

Durante la noche. Nueva entrevista de Goebbels con Hitler, que le parece cansado y enfermo. «No he dormido en toda la noche», le confiesa. Durante la velada, Goebbels se muestra de acuerdo con su interlocutor: «Inglaterra [...] está madura para hacer estallar la coalición. [...] Por primera vez, he encontrado al Führer mucho más abierto a mis consideraciones». Pero inmediatamente Hitler recuerda que la búsqueda de una solución política solo puede *seguir* a un éxito militar o, al menos, a una estabilización. No obstante, pide a Goebbels que «no hable a nadie de estos trasfondos políticos de la guerra»[27]. Cuatro días después, estas falsas confidencias en forma de secreto de Estado alumbrarán una iniciativa diplomática... que muere antes de nacer (véase el 16 de febrero).

Mientras tiene lugar la entrevista a solas entre Hitler y Goebbels se publica el comunicado final de la conferencia de Yalta, en el que se lee: «La Alemania nazi está condenada a la ruina. Si el pueblo alemán intenta prolongar una resistencia sin esperanza, tendrá que contar con una derrota aún más completa». La totalidad del país será ocupada y administrada por los vencedores.

Martes, 13 de febrero

13.35 horas. Morell inyecta glucosa y vitaminas, y observa: «El Führer se muestra extraño conmigo, poco hablador y en un estado de ánimo deprimente».

Hacia las 16.00 horas. Durante el balance de situación, Guderian expone las grandes líneas de la ofensiva de la que él es promotor y de la que Hitler habla desde hace quince días. Se trata de asestar una cornada en el flanco de Zhúkov demasiado aventurado hacia el oeste. El asalto partirá de los alrededores de Stargard, en Pomerania, y pretende llegar a Küstrin, vía Arnswalde. De ese modo se espera destruir dos o tres ejércitos soviéticos. Se han asignado a este esfuerzo diez divisiones, siete de ellas blindadas o equivalentes, es decir, unos 150.000 hombres y 400 blindados modernos.

Teóricamente, Himmler, comandante del Grupo de Ejércitos del Vístula, debe dirigir el asunto. Pero Guderian, que no ha digerido el poder de las SS sobre todo un Grupo de Ejércitos, algo nuevo, exige que se encomiende el mando a su colaborador más cercano, el general Wenck. Se desarrolla durante dos horas una escena extremadamente violenta, según el relato que de ella dejó Guderian. Al final, derrotado, Hitler se habría plantado delante de Himmler diciéndole: «Bueno, Himmler, el general Wenck se presentará hoy a su Estado Mayor y dirigirá el ataque». Y habría añadido, dirigiéndose a Guderian: «Se lo ruego, continúe su exposición. El Estado Mayor general ha conseguido hoy una victoria»[28].

De 22.13 a 22.28 horas. La ciudad de Dresde es atacada por 253 bombarderos británicos. A las 01.07 horas, las sirenas resuenan de nuevo. Otros 529 cuatrimotores arrojan miles de bombas que provocaron un huracán de fuego visible a ciento veinte kilómetros. El golpe de gracia lo asestan, a las 12.00 horas del día siguiente, 292 fortalezas volantes estadounidenses, que lanzan 1.800 bombas explosivas y

136.800 pastillas de fósforo. El número de muertos sigue sin conocerse con exactitud, entre 25.000 y 35.000, que la propaganda de Goebbels transforma en 250.000.

La Florencia del Elba queda destruida en un cincuenta por ciento (menos que Wurzburgo, Colonia o Hamburgo), pero no posee el récord de pérdidas ni en porcentaje (lo tiene Pforzheim) ni en valor absoluto (Hamburgo, con la Operación Gomorra). Para el ministro, el bombardeo es una oportunidad. Y la aprovecha a fondo como contrapeso de los crímenes de guerra del Ejército Rojo y para mostrar a los alemanes que no tienen que esperar ninguna piedad de nadie.

Jueves, 15 de febrero

Mediodía. Morell: «Führer en estado de ánimo precario, aparentemente por la situación en el este y el ataque aéreo sobre Dresde».

Con la firma del ministro de Justicia, Otto Thierack, pero por orden de Hitler, se publica un decreto por el que se crean consejos de guerra civiles *(Standgericht)* en las zonas amenazadas por el enemigo. Tienen competencia para juzgar «todo delito encaminado a poner en peligro la capacidad y la voluntad de combatir alemanas». Los jueces que permiten el funcionamiento de estos órganos son elegidos por el *Gauleiter:* un magistrado profesional, un miembro del partido nazi o de sus apéndices, un oficial del Ejército, de la Waffen-SS o de la Policía, un abogado de la defensa. El *Gauleiter* debía confirmar la condena a muerte, pero, si las circunstancias así lo exigían, la ejecución podía tener lugar a iniciativa del tribunal.

A petición de Hitler, Bormann acompaña el decreto de las más estrictas consignas de severidad, y la pena de muerte pasa a ser *de facto* la sanción casi única. Una circular de Bormann del 8 de febrero nos hace saber que este decreto estaba listo desde el día 6 y, de hecho, guarda una relación directa con la proximidad de la ofensiva aliada en el oeste[29]. Dicho de otro modo, Hitler y el partido nazi confiaban en que, ante los occidentales, la población se mostraría poco inclinada a apoyar una lucha a muerte.

El 26 de febrero, Himmler, en su calidad de comandante en jefe del Ejército de Reserva, creará tribunales equivalentes para los militares que, de hecho, cortocircuitarán la justicia militar tradicional. El endurecimiento del régimen y el debilitamiento general de la moral llegarán a ser tales que, a partir de marzo, esos mismos tribunales se considerarán demasiado lentos y formalistas.

Viernes, 16 de febrero

Al amanecer. Comienza la contraofensiva —nombre en clave: *Sonnenwende,* «Solsticio»— en la que están depositadas todas las esperanzas de Hitler y de la Wehrmacht de detener al Ejército Rojo. La concentración de las tropas se produce con la urgencia más extrema y no ha concluido en el momento del ataque. En lugar de un mazazo, el asunto comienza con un puñetazo: una sola división se enfrenta al 47.º Ejército soviético, el más débil, es cierto, del Primer Frente Bielorruso bajo el mando del mariscal Zhúkov. Sorprendidos, los fusileros soviéticos dejan que esa unidad penetre por un estrecho corredor en Arnswal-

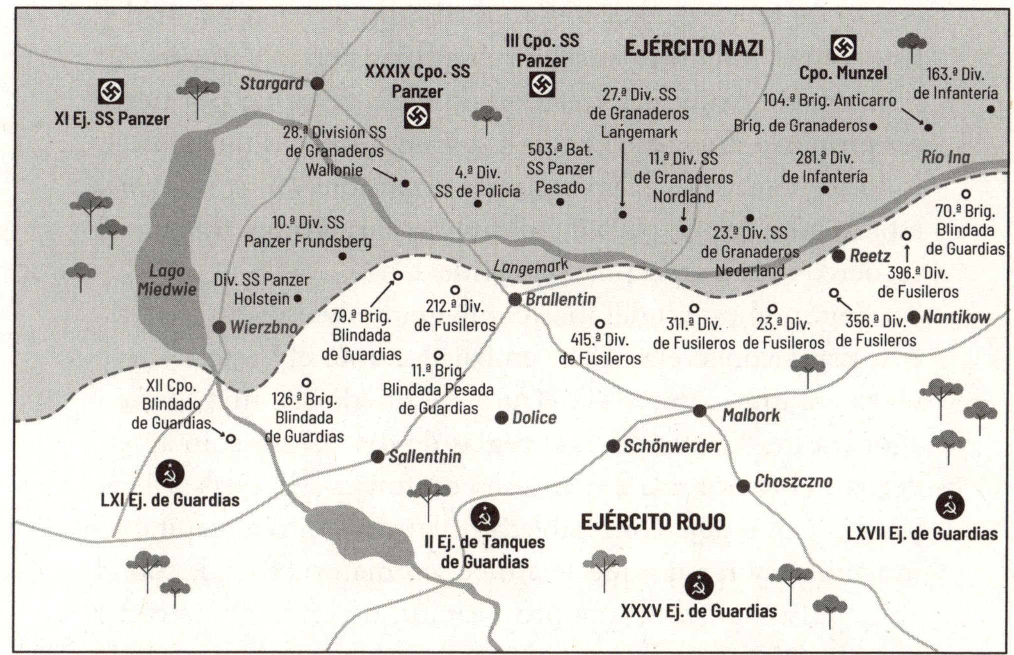

Mapa de la Operación Sonnenwende (Operación Solsticio), que enfrentó a las tropas alemanas y soviéticas en las proximidades de Stargard. También denominada batalla de los Tanques, fue la última ofensiva de Guderian.

de, a once kilómetros de sus posiciones de partida. Es un éxito local, pero se echa a perder el efecto sorpresa. El ataque general, lanzado por la tarde, conquista algunos kilómetros, pero se estanca muy pronto. La lluvia y el barro obligan a los panzers a quedarse en las carreteras, donde la artillería soviética, informada por sus aviones, concentra un fuego mortífero.

La ofensiva militar Sonnenwende va unida a una ofensiva diplomática a la que Hitler ha dado su consentimiento sin entusiasmo. Ribbentrop envía hombres a varios países neutrales a la «caza de contactos» con los occidentales: a Dublín ese 16 de febrero, y después, al día siguiente, a Madrid y Estocolmo, mientras reactiva su embajada en el Vaticano. El ministro de Asuntos Exteriores no tarda en echar por tierra sus propios esfuerzos al pedir a sus *missi dominici* que ajusten todo acercamiento a las «reglas de discusión» *(Sprachregelung)* establecidas por él, pero cuyo carácter farragoso y torrencial recuerda más bien la prosa de Hitler.

Según el juicio del más competente de esos diplomáticos, Ernst von Weizsäcker, embajador ante el Vaticano, ese texto era un «galimatías», «fruto del miedo» de un régimen agonizante. En efecto, las «reglas de discusión» solo aprovechan el temor a la expansión comunista. En ellas se leen pasajes[30] que dejan sin habla: un llamamiento al capitalismo anglosajón para que se alinee, en materia social, con el nacionalsocialismo; una proposición dirigida al resto del mundo de colaborar con el Reich «en la resolución de la cuestión judía».

Como es obvio, la ofensiva de Ribbentrop es un fracaso. En realidad, mostró que muchos alemanes no habían tomado conciencia de la aversión y el odio que inspiraban al resto del mundo. Para los Aliados —los occidentales, en todo caso—, no se trataba solo de destruir la fuerza militar alemana, sino de eliminar todo rastro del nazismo. Ribbentrop es sin duda el peor ministro de Asuntos Exteriores que ha conocido Alemania, y en la rapidez de su fracaso tiene mucho que ver su torpeza. Pero fue Hitler quien mató en ciernes todo esfuerzo diplomático al rechazar la más mínima concesión: su radicalismo no era una actitud, era su programa. Conservaba suficiente cantidad de realismo para comprender que la primera condición de todo «acuerdo» sería su salida, en la que no pensó ni por un segundo.

Sábado, 17 de febrero

14.05 horas. Morell ausculta a Hitler:

> El Führer no se queja, aparte de los temblores que, como se ha observado durante el té, afectan especialmente a la mano izquierda. Durante la conversación, manifiesta el deseo de recibir algunas inyecciones de strophantine [tónico cardiaco] que no hace mucho habrían sido suficientes para un año entero. Aplazada hasta más tarde la electroterapia que quiero hacer desde hace una semana. Desde hace cuatro o cinco días, el paciente está extremadamente pensativo, produce una impresión de fatiga y falta de sueño. Pero rechaza el tratamiento. El Führer intenta no tomar calmantes, incluso rechaza el Luminal [somnífero].

Durante la noche. Se celebra un balance de situación. El general Wenck ha tenido que abandonar su mando para acudir a exponer a Hitler el desarrollo de la Operación Sonnenwende. No existe acta taquigráfica de la reunión, pero sin duda se representó la comedia del optimismo. Terminada la reunión, Wenck vuelve a su cuartel general en coche por la autopista Berlín-Stettin. Al percatarse del cansancio de su conductor, se pone personalmente al volante, se duerme y se sale de la carretera. Sufrirá varias fracturas, pero la ofensiva pierde al único jefe capaz del sector, lo cual, en el fondo, no cambia nada en el destino de un asunto mal pensado y mal preparado.

Le sucede Himmler, en su calidad de comandante del Grupo de Ejércitos del Vístula, que ordena la reanudación de los asaltos el día 17. En vano: los panzers son incapaces de superar los campos de minas y los muros de cañones antitanque emplazados por los rusos. El 18, Zhúkov contraataca y, por la noche, Himmler tiene que detener patéticamente la Operación Sonnenwende. Desde ese día perdió mucho crédito ante Hitler. La demostración estaba servida: el Ejército alemán no disponía de los medios para atacar, sus divisiones de panzers ya avanzaban, el adversario era demasiado fuerte.

Domingo, 18 de febrero

Durante la tarde. En el balance de situación, Hitler plantea la posible denuncia de la adhesión de Alemania a los convenios de Ginebra. Su cólera está motivada por el comportamiento de sus tropas en el oeste que, según afirma, manifestaban menor voluntad de combatir que frente a los soviéticos, de lo que daba fe el número de prisioneros. Para cortar por lo sano, había que abandonar esos convenios que protegían a los prisioneros de guerra. Nuestros soldados estarían menos dispuestos a rendirse, explica, y «de este modo indicaremos al enemigo que estamos decididos a utilizar los medios más extremos en este combate»[31].

Es el comienzo de una polémica que se prolongará durante dos semanas. Guderian está en contra, como la mayoría de los militares presentes. Dönitz demuestra la magnitud de su cinismo al aconsejar a Hitler, el 20 de febrero, «tomar medidas decididas, pero sin hacerlo saber para mantener en todos los casos buena imagen con respecto al exterior»[32]. Finalmente, Hitler renunciará, quizá para no asustar a los ingleses, de los que seguía esperando una insinuación.

Lunes, 19 de febrero

Durante la tarde. Hitler envía un afectuoso telegrama al ciudadano sueco entonces más famoso, Sven Hedin, con motivo de su ochenta cumpleaños. El explorador se relacionó con el nacionalsocialismo en la década de 1930, para después alejarse de él. Más tarde Hitler condecora al mariscal de campo Von Rundstedt con la cruz de caballero con hojas de roble y espadas, un gesto en el que se puede observar el agradecimiento por la tenaz defensa de las proximidades del Rin.

Hacia las 21 horas. El conde Folke Bernadotte, vicepresidente de la Cruz Roja sueca y nieto del rey Óscar II, llega en automóvil al sanatorio de Hohenlychen, a ciento veinte kilómetros al norte de Berlín. Acude a una cita secreta concertada por Heinrich Himmler, ministro del Interior, comandante del Ejército de Reserva, de la Volkssturm y del Grupo de Ejércitos del Vístula, jefe de las SS, de la Gestapo y de las diversas policías del Reich, creador y jefe del universo concentracionario, principal ejecutor de la política genocida deseada por Hitler.

Himmler plantea sin rodeos ante su interlocutor la posibilidad de que Suecia medie ante los aliados occidentales con vistas a una paz separada. Bernadotte no se niega a una misión que se corresponde con la vocación de su país, cuya neutralidad había permitido ya no pocos cambios, pide la reagrupación de los deportados escandinavos en un lugar en el que la Cruz Roja sueca pueda prestarles asistencia. Himmler accede con más facilidad si cabe porque en el otoño de 1944 se había convencido de que los deportados constituían su bien más preciado, una moneda de cambio con los occidentales o con el «judaísmo mundial».

Por ese motivo había mandado evacuar los campos amenazados por el Ejército Rojo, y no importaba si la cuarta parte o la mitad de los detenidos sucumbían mientras quedaran otros para negociar. Entre febrero y abril, 36 autobuses y 19 camiones suecos, pintados totalmente de blanco, se llevarán a cerca de 21.000 detenidos y deportados daneses y noruegos, pero también polacos, franceses, alemanes, 1.615 de ellos judíos.

Sin embargo, Himmler no conseguirá nada a cambio. Nadie, en el oeste, deseaba hablar con él. ¿Actuó a espaldas de Hitler? La cuestión no está zanjada, por falta de documentos. Si hubo acuerdo, fue verbal, como tantas veces entre ellos. Sea como fuere, Himmler se equivocó de dirección: Hitler, después de muchos virajes, se sentía dispuesto a sondear más bien a Moscú.

Durante la noche. Un grupo de niños y tres jóvenes del pueblo de Herzogswalde, en Sajonia, descubren en una granja a una joven judía de veinte años, un esqueleto con uniforme de rayas que ha escapado de una marcha de la muerte que ha pasado por la zona dos días antes. El granjero pide al joven K, de diecisiete años, que acompañe a la deportada al domicilio del burgomaestre. K golpea a la muchacha con un vergajo. Luego la carga, desvanecida, en una carretilla y sale de la granja, acompañado de sus amigos. No tardan en plantearse ahorcarla, pero no hay sogas en las inmediaciones. K considera entonces que lo mejor es matarla a golpes. A la luz de sus linternas, cinco niños y adolescentes martirizan durante mucho tiempo a la joven a vergajazos y porrazos antes de arrojar su cadáver a un arroyo.

En su juicio, celebrado en 1949, el joven K alegó que le incitaron al crimen las declaraciones de habitantes de la zona que acudieron a observar el paso de los deportados. Según el gentío, aquellas mujeres eran las mismas que «en el este, habían sacado los ojos a los soldados alemanes»[33].

Martes, 20 de febrero

12.30 horas. Núremberg, capital del movimiento nazi, sufre su decimoséptimo bombardeo de la guerra. El ataque es obra de 831 bombarderos estadounidenses, a los que les siguen otros 1.205 la mañana del día siguiente, que arrojan

Edificio en la ciudad de Núremberg, que sufrió diecisiete bombardeos a lo largo de la guerra. Su patrimonio cultural quedó prácticamente destruido.

un total de 3.800 toneladas de bombas. Hay unos 1.400 muertos y 70.000 personas sin hogar, que se sumaron a las 100.000 del ataque del 2 de enero. La ciudad vieja, joya del Renacimiento alemán, queda convertida en un montón de ruinas humeantes.

Miércoles, 21 de febrero

Hacia el mediodía. Durante el balance de situación, Hitler es informado del fracaso de la Operación Sonnenwende. Retira entonces al Oder una parte importante de las fuerzas (cuatro divisiones de panzers) que se habían reagrupado en Pomerania. Lo hace ante la insistencia de los jefes militares, sobre todo de Guderian, pero también de Himmler, ambos convencidos de que los soviéticos se lanzarán hacia la capital. Hitler no está seguro de ello, pero cede. Sin embargo, ante la estupefacción general, el Ejército Rojo no se abalanza sobre Berlín, sino que opta por conquistar toda la fachada báltica, desde Pomerania hasta Königsberg, pasando por Dantzig.

El mariscal Zhúkov, preocupado por la dispersión de sus fuerzas en múltiples cercos —Küstrin y Posen, especialmente—, por la débil cobertura de su flanco derecho y por el retraso de su logística, renuncia a un asalto definitivo en dirección a la capital alemana. Esto se le reprochará duramente en la época de Jruschov: se dijo que su falta de audacia alargó la guerra dos meses[34].

En realidad, fue Stalin quien tomó la decisión. Y también fue él quien optó por la seguridad. En esa fase de la guerra no podía permitirse un paso en falso militar. También había percibido en Yalta la reticencia de las potencias occidentales a aceptar la línea Oder-Neisse como frontera oriental de Alemania, lo que le brindó una razón adicional para tomar por las armas los futuros voivodatos bálticos de la Polonia comunista. Si Stalin aceptó esa «limpieza de las alas», fue también, y sobre todo, porque pensaba que tenía tiempo. ¿No estaban los occidentales empantanados en las proximidades del Rin, a seiscientos kilómetros de Berlín, mientras que el Ejército Rojo estaba a solo sesenta y cinco? Por el momento, durante dos meses Hitler pudo seguir manteniendo su capital a salvo de los combates terrestres.

Viernes, 23 de febrero

02.45 horas. Con quince días de retraso respecto a la planificación de Eisenhower, el 9.º Ejército de Estados Unidos comienza a cruzar por la fuerza el río Rur, entre Roermond y Düren. Las tropas tienen que marchar al noreste al encuentro de los británicos y los canadienses, que encuentran dificultades para salir del macizo arbolado del Reichswald. El nivel de las aguas, que los alemanes han hecho subir artificialmente mediante la apertura de diques y la destrucción de presas, ha bajado lo suficiente para permitir la intervención de las divisiones blindadas. La víspera, 3.500 aviones han efectuado 9.000 salidas contra los sistemas de transporte en el oeste del Reich. Estaciones, puentes, viaductos, centros de distribución, depósitos de locomotoras son atacados y destruidos o resultan dañados. Para las unidades alemanas, es imposible desplazarse de día. Al término de una dura jornada de combate, los norteamericanos han conquistado varias cabezas de puente en la otra orilla del Rur: la marcha hacia el Rin podrá comenzar.

06.00 horas. El 8.º Ejército de la Guardia del general Chuikov acomete el último asalto contra la ciudadela de Posen, última parte de la ciudad —cercada desde el 25 de enero— que aún está en manos de los alemanes. Los rusos utilizan escaleras de asalto, lanzallamas, fumígenos, carros pesados y explosivos de todas clases. Las piezas de 203 y 280 milímetros disparan a bocajarro contra las murallas de ladrillo y tierra de dos metros de grosor. La víspera, el comandante de las fuerzas alemanas, el general Gonell, había permitido que los voluntarios intentaran una salida —contraviniendo la orden de Hitler— y después se disparó una bala en la cabeza.

Los cientos de hombres que se lanzan a la brecha son liquidados sin quedar ninguno. La última falange de los defensores se niega a pesar de todo a rendirse. Y así, el 23, después de siete horas de bombardeo, los soldados de Chuikov logran penetrar en el patio interior por un tragaluz. El cuerpo a cuerpo dura toda la noche. Los 600 últimos defensores, asustados, retrocedieron de estancia en estancia y capitularon al amanecer del 24 de febrero. Despojados de todo, a menudo con los pies descalzos, se les obligó a desfilar durante horas por las calles, recibiendo los golpes y los escupitajos de la población polaca. Una parte de los 2.000 heridos que habían quedado en el castillo fueron pasados por el lanzallamas por los soviéticos.

La caída de la ciudad provocó el alivio de Zhúkov, que recuperó allí un nudo ferroviario y de carreteras fundamental: las esclusas del abastecimiento del Primer Frente Bielorruso se abrieron de par en par e inundaron el Oder con las municiones y los carburantes indispensables para mantener las cabezas de puente y preparar la ofensiva sobre Berlín.

19.50 horas. A baja altitud, 379 bombarderos británicos comienzan a lanzar sobre Pforzheim, pequeña ciudad a las puertas de la Selva Negra, una mezcla de bombas explosivas y bombas incendiarias que provoca, como en Dresde, un tornado de fuego. El ochenta y tres por ciento del centro urbano quedó destruido. Murieron 17.700 habitantes, es decir, casi un tercio de la población, una cifra récord. El 1 de marzo, el mariscal Arthur Harris, comandante de la fuerza británica de bombardeo estratégico, describirá la operación como «un ataque terrorista deliberado» y contabilizará 63 ciudades que recibieron el mismo trato a iniciativa suya[35]. En la actividad corriente del día, las últimas misiones extranjeras abandonaron Berlín, a excepción de los suizos.

Sábado, 24 de febrero

14.00 horas. Hitler recibe en la cancillería a todos los *Gauleiters* con motivo del 25 aniversario de la publicación del primer programa político del partido nacionalsocialista, una de las fechas importantes del calendario nazi. Será su última reunión de carácter político. Aquellos poderosos barones del partido poseían, a menudo en lugar del Estado, enormes poderes, incluidos los militares, en sus circunscripciones, los *Gaue*. Casi todos están allí, a excepción de Karl Hanke, bloqueado en Breslavia, y de Erich Koch, acaparado por la defensa de Königsberg.

«Achtung, der Führer!» Todos se quedan inmóviles en posición de firmes. Hitler aparece, acompañado de Bormann. Estrecha la mano de cada uno de los hombres alineados en fila. A continuación, después de una breve alocución, condecora a Konstantin Hierl, jefe del Servicio Nacional Alemán del Trabajo, con motivo de sus setenta años, con la cruz de caballero con hojas de roble y espadas. Tras el almuerzo, el grupo pasa al inmenso despacho del Führer para escuchar el discurso político. Bormann, que tiene presente cómo el gran consejo fascista derrocó a Mussolini en el año 1943, ha prohibido toda pregunta.

Sentado ante la gran mesa, Hitler habla durante una hora y media. Disponemos de varios informes de esta reunión, entre ellos los de Nicolaus von Below, ayudante de campo del Führer para la Luftwaffe, y de los *Gauleiters* Rudolf Jordan, de Magdeburgo-Anhalt, y Karl Wahl, de Suabia. La apariencia física deteriorada del jefe, su voz débil y apagada causan sorpresa y compasión en muchos. Su discurso no convence: las promesas de la llegada inminente de una ofensiva en el este —que acaba de abortar...—, de armas nuevas y de un «giro histórico para este año», todos esos artificios de propaganda no tienen éxito ante unos hombres bastante bien situados para saber lo que hay de cierto.

«Su viejo poder de sugestión, que tantas veces había arrastrado a aquella gente, había muerto»[36], dice Von Below. «Ya no es nuestro Hitler»[37], escribe Jordan. Llamando a una radicalización política, Hitler suelta: «Hemos liquidado a los opositores de la izquierda, pero lamentablemente nos hemos olvidado de golpear también a la derecha. Es nuestro gran pecado por omisión»[38]. Por último, aludiendo a los temblores de su brazo y su pierna izquierdos, concluye:

«Aunque todo mi lado izquierdo quedara paralizado, llamaría una y otra vez al pueblo alemán a no capitular, sino a aguantar hasta el final».

No hay ovación porque el estado de ánimo es sombrío. Pero los presentes hacen el saludo nazi. Todos son paniaguados del Führer, todos están ligados a él para lo bueno y para lo malo. Todos tienen la conciencia cargada de crímenes y saben que sus posibilidades de sobrevivir son escasas en caso de una victoria aliada. Por cierto, seis fueron fusilados o ahorcados por los vencedores, diez se suicidaron, dos murieron en combate, uno fue ejecutado por orden de Hitler por cobardía, cuatro fallecieron en prisión o en el transcurso de una evasión. Otros quince cumplieron años de cárcel antes de quedar en libertad, casi todos aprovechando la Guerra Fría, y tres lograron salir de Europa al término de la guerra.

Si Hitler les había convocado, era porque sabía que, *de facto,* su autonomía iría en aumento debido a la desarticulación del sistema de transportes y de las telecomunicaciones. Al plantearles renovar pese a todo su homenaje, se aseguró de que esa falange ejecutaría su voluntad hasta el final, imponiéndola en cascada a todos los pequeños jefes del partido, hasta en los últimos pueblos, las últimas fábricas, los últimos bloques de viviendas.

Hacia las 20.00 horas. En Múnich, Hermann Esser, secretario de Estado y miembro fundador del partido, lee una proclama redactada por Hitler, que no ha querido viajar. En ella encontramos las dos alusiones históricas utilizadas *ad nauseam* por el Führer para volver a infundir ánimos a sus tropas:

> Aunque Roma vivía sus peores momentos después de la batalla de Cannas, sin embargo, venció, no mediante la búsqueda de un vil compromiso, sino por la decisión de continuar el combate por su existencia levantando las últimas fuerzas de su pueblo. [...] Cuando, durante su Guerra de los Siete Años, el rey más grande de nuestra historia, Federico II, estaba a punto de sucumbir ante las fuerzas superiores de una coalición mundial, solo a su alma heroica le debió que siguiera siendo finalmente el amo de la célula y del núcleo del futuro Reich.

Ante «el pacto satánico entre el capitalismo democrático y el bolchevismo judío», solo el «odio» y una «santa voluntad» permitirán al Reich asistir al «giro histórico». A quien supiera leer y entender, Hitler le hacía saber que, sin la desaparición de los judíos del Reich, «Alemania no estaría en absoluto en condiciones de superar la crisis actual». A los ocho millones de alemanes que eran miembros del partido, les asegura con firmeza que él

> [...] trabaja para eliminar a todos los parásitos que se nieguen a contribuir a la conservación de nuestra raza. [...] Estaré encantado de soportar hasta el final lo que otros soportan. Lo único que no soportaría serían los signos de debilidad en el seno de mi pueblo[39].

Durante la noche. Se celebra el segundo balance de la situación militar. Hitler no deja de hablar del cerco de Breslavia, efectivo desde el 15 de febrero, y de las draconianas medidas que había tomado el *Gauleiter* Hanke para mantener la guarnición en el combate. Antes de la reunión, hace que se envíe un télex de felicitación y ánimo a Hanke y a su homólogo Koch, en Königsberg. Ya hemos señalado más arriba que Hitler no quería ver estas dos ciudades en manos de Stalin, de quien temía que instalase en ellas un Gobierno alemán a su disposición en torno al mariscal de campo Paulus.

Domingo, 25 de febrero

Goebbels invita a Hierl a su casa con una veintena de dignatarios del régimen, entre ellos Himmler. Este, que, como hemos visto, ha estado en contacto con Bernadotte, intenta sondear a Goebbels sobre eventuales salidas en dirección a los británicos. No parece que Goebbels lo desanimara, pero añade que Hitler no está más dispuesto a ello que los ingleses. «El *Gauleiter* Forster [que se entrevistó con Hitler el día 22] está muy preocupado por el estado de salud del Führer, deja caer a continuación el *Reichsführer*-SS. Duda que siga estando durante mucho tiempo a la altura de las enormes exigencias del momento». Goebbels responde ante esta extraña y peligrosa confidencia:

> Reconozco que el Führer no se encuentra en absoluto en el estado que hoy necesitaríamos con tanta urgencia. Pero si bien su cuerpo tembloroso tiene que ser estimulado con una cantidad cada vez mayor de píldoras y narcóticos, en él vive a pesar de todo un espíritu apasionado. Prefiero un espíritu poderoso en un cuerpo débil antes que lo contrario[40].

Si esta conversación de la que informa Von Oven es auténtica —y no tenemos ninguna razón para dudar de ello—, quiere decirse que Himmler sabía que sus salidas en dirección a Londres se hacían sin el asentimiento del Führer. Y no cejará en su empeño.

Lunes, 26 de febrero

11.10 horas. Comienza un ataque masivo sobre Berlín. 1.112 bombarderos estadounidenses lanzan cerca de 3.000 toneladas de bombas explosivas e incendiarias. El centro, especialmente el distrito gubernamental, esta vez es también el blanco prioritario. Hay 1.025 muertos y desaparecidos, y 71.000 más se quedan sin hogar. La antigua y la nueva cancillería son alcanzadas por cincuenta bombas que causan daños considerables. El jardín queda completamente devastado, los

Aspecto de las calles de Berlín en las proximidades de la puerta de Brandemburgo, blanco de los bombardeos estadounidenses.

ministerios de los alrededores casi todos hundidos. En los días siguientes, Hitler tomará la decisión de pasar todas sus noches, y una parte cada vez mayor de sus días, en su búnker.

Hacia las 14.00 horas. Entrevista de Herbert Backe, ministro de Alimentación, con Hitler en presencia de Bormann. Le hablan de las restricciones de alimentos que se han vuelto necesarias tras la pérdida de las provincias orientales. Las cantidades de pan (1,2 kilos por semana para un empleado o un ama de casa), grasas (125 gramos), patatas (2,5 kilos) y carne (250 gramos) asignadas a los alemanes se reducen entre el diez y el cincuenta por ciento según los productos[41], pero siguen siendo soportables si se comparan con los niveles registrados en la misma época en Francia o Italia, por no hablar de la hambruna en Holanda y del hambre crónica en la Unión Soviética.

Aleccionado por el precedente del «invierno del hambre» de 1917-1918, Hitler ha procurado siempre mantener una alimentación suficiente para los ciudadanos del Reich. Y lo logró mediante el saqueo masivo de los trece países ocupados y gracias al trabajo de los prisioneros de guerra en la agricultura. Durante cuatro años, los alemanes vivieron a costa de los demás. Este privilegio costó la vida a millones de europeos.

Martes, 27 de febrero

15.10 horas. Por primera vez durante la guerra, Hitler y su entorno reciben máscaras antigás. El temor a un ataque químico y el encierro en el búnker, mal ventilado, motivaron sin duda esta decisión.

Última hora de la tarde. Goebbels pasa un largo rato con Hitler. Critica con acritud a Göring, pone a Dönitz por las nubes, casi hace llorar a su interlocutor contándole la vida de Federico el Grande según Thomas Carlyle. Al salir, Goebbels anota: «A la mesa de la cancillería del Reich estaban sentados para la cena un montón de oficiales fatigados. Apenas los he saludado»[42]. Es la primera mención de cierto abandono en el entorno del Führer, señal de una rápida disminución de la moral.

Miércoles, 28 de febrero

En una nota de Martin Bormann leemos estas palabras:

> El *Reichsführer*-SS me ha dicho que el Führer ha aceptado, algo que yo ya sabía, que se reclute a título experimental un batallón femenino. Esas mujeres deberán recibir instrucción militar todo lo rápido y todo lo bien que sea posible. La medida debe tomarse en contacto con la organización de mujeres del partido. Si ese batallón femenino da buenos resultados, deberán formarse otros inmediatamente[43].

Este texto acompañaba a un proyecto de decreto que no verá la luz. ¿Se reunió ese batallón? Lo ignoramos. ¿Llegó a combatir? No hemos encontrado indicios al respecto y parece ciertamente difícil de imaginar, si ese hubiera sido el caso, que no nos hubiera llegado ningún testimonio. En cambio, el hecho de que se aluda a esta medida en el más alto nivel nos ofrece un indicio adicional de la radicalización del nazismo en su etapa final. En su deseo de imitar las medidas adoptadas por Stalin, Hitler llegó a renegar de uno de los pilares de su doctrina: la permanencia de las mujeres en la esfera familiar.

Páginas de la Historia

Los crímenes de guerra soviéticos

Entre enero y mayo de 1945, la conquista de Alemania oriental por el Ejército Rojo fue acompañada de una oleada de crímenes de guerra perpetrados contra la población civil, esencialmente las mujeres, los niños y los ancianos. Saqueos en gran escala, incendios y destrucción gratuita de cientos de ciudades y pueblos, violaciones, deportaciones y asesinatos tuvieron lugar por todas partes, en Prusia, en Silesia, en Berlín, en Pomerania, en Brandemburgo. Es difícil establecer un ritmo —ni siquiera la capitulación del 8 de mayo pondrá fin a los excesos— o trazar una tipología de los culpables. Las unidades de asalto participaron en los hechos, al igual que las de tren; las formaciones de élite de los blindados de la Guardia apenas se distinguieron de la infantería o de los batallones disciplinarios. Al parecer, solo los comisarios políticos y una parte de los oficiales intentaron interponerse. Algunos lo pagaron con su vida, abatidos por sus propios hombres en estado de ebriedad casi permanente.

Es muy difícil cuantificar estos crímenes y los historiadores alemanes no se arriesgan en exceso. Dos millones de mujeres fueron violadas, según el estadístico Gerhard Reichling[44]. De ellas murieron 40.000 y cerca de 300.000 se habrían quedado embarazadas. Por otro lado, se cifra en

120.000 el número de civiles asesinados salvajemente o fusilados con la arbitrariedad más absoluta. Otros 100.000 murieron en prisión y 200.000 perdieron la vida en el transcurso de su deportación a la URSS, donde se les destinó al trabajo forzado.

Las violaciones causaron impresión en los contemporáneos por su carácter sistemático. La mayoría se perpetraron en grupo, en presencia de testigos alemanes, padres y/o hijos. Experiencias similares en Bosnia y en Ruanda, a finales del siglo XX, permiten apuntar que los soldados soviéticos demostraron conocer el poder de la violación como arma de guerra. La mujer alemana, situada en el centro del delirio racista hitleriano, fue mancillada, desacralizada; la violación era pública para deshonrar, castrar simbólicamente a unos maridos y padres incapaces de proteger. Es indudable que la búsqueda inconsciente de la fecundación de las víctimas también estuvo presente, como respuesta a la obsesión nazi con el mestizaje. Es más fácil explicar esta explosión de violencia que cuantificarla.

Cada soldado soviético, caldeado al rojo vivo por la propaganda de odio que se puso en marcha a partir de 1942, tenía una cuenta personal que saldar con Alemania. El régimen había descargado sobre su cabeza un número incalculable de llamamientos al asesinato y la venganza, incluso contra las mujeres y los niños. ¿Cómo no los iban a escuchar cuando, en la Unión Soviética, la Wehrmacht y las SS habían asesinado, de todas las maneras imaginables, a más de diez millones de civiles, más de tres millones de prisioneros de guerra y deportado a más de dos millones de trabajadores forzados? Solo en Bielorrusia, los hombres de Zhúkov y Rokossovski atravesaron zonas de muerte de cientos de kilómetros cuadrados de extensión sin que quedara un pueblo en pie, sin un rebaño, sin un alma viviente. En cada pueblo descubrieron un barranco o un pozo lleno de cadáveres, casi en cada ciudad un campo de la muerte o su anexo, antes de penetrar en el primer campo de exterminio, el de Majdanek, en Polonia.

Campo de exterminio de Majdanek (Polonia), el primero en el que entraron las tropas del Ejército Rojo.

Pero el deseo de venganza y la acción de la propaganda antialemana no lo explican todo. El comportamiento del Ejército Rojo apenas fue mejor en Viena (entre 70.000 y 100.000 violaciones) y en Budapest (entre 50.000 y 200.000 violaciones). Se registraron también varios miles de violaciones en los países amigos o que se pasaron al campo soviético: Polonia, Rumanía, Bulgaria, Checoslovaquia; pero también entre las deportadas y las trabajadoras forzadas liberadas, por no hablar de los excesos en gran escala en Manchuria.

El resorte profundo de estos comportamientos hay que buscarlo sin duda en la psique del *frontovik* —el soldado soviético—, en sus sufrimientos y sus frustraciones, pero también en la criminalización rampante de buena parte de la sociedad soviética. Al principio, los mandos fueron en gran medida cómplices de la tropa; después se alarmaron. Desde principios de febrero, los mariscales soviéticos observaron que la disciplina se desplomaba en su retaguardia, a veces en el seno de las unidades de combate. Intentaron convencer, reprendieron, castigaron incluso —arrestos, encarcelamientos, con menor frecuencia condenas a muerte—, pero sin gran efecto. Hasta Stalin se dignará —de forma muy tardía, el 20 de abril de 1945— a dictar una directiva en la que explicará al Ejército que no debía ganarse la enemistad de los alemanes.

El resultado de estos crímenes fue, desde el punto de vista militar y político, catastrófico: la resistencia alemana se fortaleció, la propaganda de Goebbels se justificó, las posibilidades de una reconciliación en la posguerra disminuyeron. Goebbels también jugó con fuego. Su postura con respecto a las atrocidades soviéticas cristalizó en el otoño de 1944 cuando un contraataque alemán recuperó de los soviéticos unas decenas de ciudades y pueblos prusianos que habían sido ocupados brevemente.

En el burgo de Nemmersdorf, cerca de Gumbinnen, los soldados del 4.º Ejército habían encontrado las casas saqueadas, destrozadas e incendiadas. En las calles, en las cunetas, se descomponían los cuerpos de ancianos, mujeres y niños, en algunos casos mutilados, con señales de tortura. Las mujeres habían sido violadas antes de ser asesinadas. En cuanto estos hechos se conocieron en Berlín, Goebbels envió a su prensa. Se fotografiaron y filmaron los cuerpos ajusticiados, se difundieron las imágenes por todo el Reich. Con estos horrores, el ministro de la Propaganda esperaba despertar el odio entre los combatientes y conseguir de la población el apoyo más amplio. Pero minimizó el pavor que desprendían aquellas imágenes, como él mismo reconoció, un poco más tarde, en su diario[45]. Lejos de querer «resistir a ultranza», las poblaciones de Alemania oriental supieron que a partir de entonces tendrían que huir de los soviéticos por todos los medios si el frente se desmoronaba.

El búnker, un agujero húmedo y deprimente

La Wilhelmstrasse es esa arteria de Berlín, situada inmediatamente al este de la puerta de Brandemburgo y del Tiergarten, en la que, hasta 1945, se concentraban las embajadas, los ministerios y las grandes administraciones. La dirección nazi no tardó en tomar conciencia de la fragilidad inherente a esa concentración de los poderes en caso de guerra. Y así, a partir de 1935, cada ministerio se dotó de un refugio antiaéreo subterráneo, un antiguo sótano reforzado o una nueva construcción de hormigón; al comienzo de la guerra se acondicionaron también dos búnkeres debajo de la nueva cancillería. Pero, en 1943, el incremento del poder explosivo de las bombas aliadas indujo a Hitler —apasionado de estas cuestiones— a considerar insuficientes las losas de hormigón de un metro setenta de grosor que los cubrían. Entonces se iniciaron las obras de un nuevo búnker, reservado al Führer, en el jardín de la cancillería, delante del salón de fiestas. Apenas se había terminado cuando Hitler comenzó a vivir en él, al principio de forma episódica, a partir del 16 de enero 1945, y después de forma permanente, a finales de febrero o principios de marzo.

Sus dimensiones interiores eran reducidas (20 por 15,6 metros), con 250 metros cuadrados habitables repartidos en veinte pequeñas habitaciones. Pero la protección estaba a la altura de las exigencias de Hitler. La losa superior tenía un grosor de 3,80 metros de un hormigón sobrearmado de vigas de acero, las paredes llegaban hasta los cuatro metros y el conjunto se ocultaba a dos metros bajo el nivel del jardín. Unas enormes puertas de acero protegían las dos entradas. Un sistema de ventilación y un grupo electrógeno aseguraban la autonomía; extraían y expulsaban el aire a través de torretas de remate cónico. Una escalera comunicaba la obra con un «antebúnker» situado exactamente bajo el salón de fiestas y de dimensiones sensiblemente iguales, donde se alojaba el personal y, a partir del 22 de abril, los hijos de Goebbels y su madre.

El búnker de Hitler causó una impresión de lo más deprimente a todos los que entraron en él. Los muros de hormigón desnudos —o embadurnados de gris— rezumaban permanentemente y desprendían un fuerte olor. La ventilación, ruidosa, provocaba una sobrepresión que generaba dolores de cabeza. La iluminación era escasa. Reinaba un frío húmedo porque la caja de hormigón caía directamente en la capa freática. Lo más sorprendente, tratándose del lugar de trabajo del comandante en jefe de los Ejércitos y jefe del Estado, era la minúscula central telefónica, con un télex, pero sin líneas protegidas, sin conexiones hertzianas fiables.

En este reducido espacio, Hitler se vio obligado a contentarse con tres habitaciones de diez metros cuadrados cada una: una habitación equipada con una cama espartana, una caja fuerte, una mesa de té, un aparato de oxígeno cuya presencia se explicaba por su pánico a los gases; un salón donde entraban a duras penas un estrecho sofá y una mesa de tres plazas; un despacho, dominado por un retrato de Federico el Grande pintado en el siglo XVIII por Anton Graff. Después de haberlo comprado de su peculio en 1934, Hitler había llevado ese retrato con él a todas partes. Su devoción por el «viejo Fritz» aumentó al final de su vida, hasta el punto de que en abril leyó varias veces la biografía escrita por Thomas Carlyle. La habitación de la amante de Hitler, Eva Braun —que compartía con él un minúsculo cuarto de baño— y una sala reservada a los balances de situación militar estaban contiguos a los aposentos privados del Führer. Al otro lado del pasillo se alojaban, entre otros, el médico de Hitler, Morell, y su mayordomo, Linge. En la sala de reuniones, de quince a veinte personas podían hacinarse en diez metros cuadrados, de pie, literalmente aplastadas unas contra otras; tenían que salir por turnos a respirar al pasillo; solo Hitler estaba sentado. Sabiendo que aquellas reuniones duraban de dos a tres horas, podemos imaginar el grado de incomodidad. La mesa de los mapas era tan pequeña que solo se podían disponer sobre ella las cartas plegadas.

La decisión de Hitler de ir a vivir al búnker de la cancillería no constituyó una ruptura. Desde el comienzo de la guerra, aparte de algunas semanas dispersas en el calendario en Berlín o en Baviera, el Führer y jefe de los Ejércitos pasaron su tiempo bajo el hormigón, en cuarteles generales con nombres de predadores, todos situados en la periferia del Reich. Podemos citar los más importantes: el *Felsennest* (el nido en la roca), en el macizo del Eifel; la *Wolfsschanze* (la guarida del lobo), en Rastenburg —la actual Kętrzyn—, en Prusia Oriental; el *Werwolf* (el hombre lobo), en Vinnitsa, Ucrania, y el *Adlerhorst* (el nido del águila) en Ziegenberg.

La elección de los cuarteles generales se hacía en función de la proximidad del frente que se consideraba prioritario. Esto explica por qué Hitler vivió durante tres años —entre el 22 de junio de 1941 y el 20 de noviembre de 1944— en sus escondites de Rastenburg y Vinnitsa: la lucha contra la Unión Soviética absorbía la mayor parte de su actividad. De igual modo, la residencia en Ziegenberg, no lejos de Bad Nauheim, se explica por la ejecución de la ofensiva de las Ardenas, iniciada el 16 de diciembre de 1944. El regreso a Berlín, un mes más tarde, quizá puso de manifiesto que Hitler sentía que el combate final tendría lugar en su capital o, en todo caso, que su presencia garantizaría el mantenimiento de la voluntad de combatir de los alemanes.

Al menos desde junio de 1941, Hitler eligió vivir en los búnkeres, en medio de los militares, en parte porque el desarrollo de la guerra lo absorbía de forma casi exclusiva, en detrimento de la política interior, abandonada a Martin Bormann. Además, la elección de una vida de reclusión bajo el hormigón manifestaba su miedo constante a los atentados, al envenenamiento o a los bombardeos, y su rechazo cada vez mayor a los contactos con el exterior. El círculo se cerraba: el soldado solitario de las trincheras convertido en hombre político volvía a ser un guerrero troglodita.

El traslado a Berlín no constituyó, por otro lado, la solución más racional para gestionar la guerra. Habría sido más aconsejable instalarse en los campos camuflados de Maybach I o Maybach II, en Zossen, a cuarenta kilómetros al sur de Berlín. Hitler habría encontrado allí refugios antiaéreos profundos, la central de telecomunicaciones enterrada Zeppelin, la más moderna del mundo, y la proximidad inmediata de los servicios de los dos Estados Mayores que compartían la dirección de la guerra, el OKW (alto mando de la

Wehrmacht), dirigido por Keitel y Jodl, y el OKH (alto mando del Ejército de Tierra) bajo el mando de Guderian.

Pero Hitler se decidió por Berlín. El resultado: los militares se veían obligados a viajar, cada día, hasta el centro de la capital bajo un cielo dominado por la aviación aliada. Keitel y Jodl se resguardaban en Dahlem, en el extremo opuesto de la metrópoli. Guderian se alojaba en Zossen, desde donde acudía en coche —una pérdida de tres horas al día, según su cálculo— para asistir a los balances de situación que constituían el núcleo duro de las jornadas del Führer.

Marzo de 1945

Día 60-Día 30
(3 de marzo-31 de marzo)

Sábado, 3 de marzo

Durante la mañana. Hitler se dirige en coche a la retaguardia del 9.º Ejército, en Bad Freienwalde, a ochenta kilómetros de la cancillería. Es una de las contadas ocasiones en que se ha acercado al frente y será su última salida de Berlín. Asiste a un balance de situación en el puesto de mando del 101.º Cuerpo, donde se encuentra el general Busse, y después recibe a oficiales de las divisiones Berlín y Döberitz[1]. Hans Schwarz, exmiembro del cuartel general del Führer, está presente en el momento en que llega la pequeña columna de vehículos:

> Hitler se bajó con dificultad, encorvado, apoyándose en un bastón. Conteníamos la respiración. Su visita era inesperada, su aspecto era inesperado. [...] El espanto y la compasión recorrieron las filas, palpables a pesar de la impecable posición de firmes. Los hombres presentes eran expertos, no se hacían ilusiones, con una larga experiencia, abrumados por el peso de lo que se había vivido en el Frente Oriental, todos realistas por profesión. Estaban llenos de preocupación o de escepticismo. Entonces Hitler habló, encorvado, roto, con la mano que aún le obedecía sosteniendo la otra que temblaba. Pero su ser, sus palabras, su mirada eran claros, mesurados, sosegados, nacidos de una sabiduría y un afecto lejanos, que trascendían de su condición de individuo. [...]

> Hitler dijo lo que nosotros pensábamos. No ocultó nada del peligro inminente: «Es aquí, entre vosotros, donde se va a decidir todo. Tenéis que saberlo. Si disponéis de todo lo que poseemos todavía, es porque yo también lo sé. Pero pensad en lo que depende de vosotros». Y añadió, alto y claro: «Es cuestión de días, de horas, de metros. Aún tenemos cosas que deben terminarse y, cuando estén terminadas, cambiarán el destino. Es el sentido que se oculta detrás de la batalla que viene». Ante el mapa, con los comandantes, habló de posiciones, armas, municiones; conocía y dominaba cada detalle de los sectores y de la estructura de las unidades, del emplazamiento de la artillería. [...] A continuación tuvo lugar una conversación objetiva, profesional, en la que se alternaron preguntas y respuestas. No ordenaba, ponía orden. Con una dicción superior, sosegada, expresando un pensamiento claro que tomaba todo en consideración. Así estaba ante nosotros aquel hombre, físicamente viejo y cansado, pero de juicio seguro, de espíritu alerta y espontáneamente persuasivo[2].

Durante la noche. De regreso en la cancillería, Hitler asiste al balance de situación. Se creía que los frentes estaban en vías de estabilización hasta mediados de febrero, pero a partir de ese momento la duda ya no era posible: los frentes habían entrado de nuevo en erupción. En el oeste, las fuerzas estadounidenses habían tomado toda la parte del Westwall situada en paralelo al Rur. Mönchengladbach, Krefeld, Neuss, Treves y la ciudad natal de Goebbels, Rheydt, han caído. El 9.º Ejército del general Simpson ha confluido en Geldern con el 1.er Ejército canadiense. El interfluvio Mosa-Rin está limpio, a excepción de la cabeza de puente de Xanten, donde las tropas alemanas se refugian en desorden, abandonando a cincuenta mil prisioneros y grandes cantidades de materiales. En el sur, el 1.er Ejército de Hodges se acerca a toda velocidad a Colonia. El 5 de marzo, los occidentales bordean el curso inferior del Rin a lo largo de unos doscientos kilómetros.

En el este, la avalancha de los soviéticos en Pomerania es de una violencia mayor si cabe. Zhúkov ha golpeado la parte occidental de la provincia el 1 de marzo. El frente queda pulverizado en cuarenta kilómetros desde las primeras horas. El 3.er Ejército de Panzers revienta en el choque de los 1.400 carros de combate de dos ejércitos blindados. El día 4, después de una cabalgada de cien kilómetros, los soviéticos llegan al Báltico a ambos lados de Kolberg, abarrotada por 80.000 refugiados. El Segundo Frente Bielorruso del mariscal Rokossovski ha comenzado a atacar la mitad oriental de Pomerania el 24 de febrero. Llega al Báltico, hacia Köslin, el 5 de marzo. Todo el 2.º Ejército alemán queda aislado del Reich y es rechazado hacia Dantzig. Las pérdidas alemanas se cuentan por decenas de miles, los refugiados por cientos de miles.

Ese mismo día, el antiguo aliado finlandés declara la guerra a Alemania, como Italia en 1943, Rumanía y Bulgaria en 1944.

Durante la madrugada. Por primera vez desde hace mucho tiempo, algunos aviones alemanes atacan objetivos en Gran Bretaña, una respuesta irrisoria a los bombardeos del Reich, que llegaron a su paroxismo en ese mes de marzo de 1945. El día 3, 2.100 cuatrimotores ingleses y estadounidenses lanzan 5.000 toneladas de bombas sobre Linz, Graz,

Dresde, Chemnitz, Magdeburgo, Berlín, el Ruhr, Coblenza, Colonia... Durante los ocho últimos meses de la guerra, el Bomber Command británico y las fuerzas aéreas 8 y 15 de Estados Unidos lanzan tres cuartas partes del tonelaje total de bombas utilizado durante la guerra y matan a la mitad de las 353.000 víctimas alemanas registradas desde 1939.

Domingo, 4 de marzo

El Ministerio del Interior da a conocer que diecisiete millones de alemanes han sido evacuados, tanto del este como del oeste, hacia las ciudades del centro del país. Se amontonan entre las ruinas, bajo los puentes, en los sótanos, en los graneros, los jardines públicos, las iglesias. El Reich es un gigantesco campamento.

Lunes, 5 de marzo

Sin que la decisión se haga pública, el OKW llama a filas a la quinta de 1929. Los consejos de revisión se celebrarán a partir del día 19 y la incorporación tendrá lugar a finales de marzo[3]. Podemos imaginar el valor militar de aquellos niños cuya instrucción durará tres semanas y de los que varios miles verán realmente el fuego en abril y mayo. Por otro lado, desde el 6 de febrero, por orden de Hitler, los hombres nacidos entre 1901 y 1905 pueden ser incorporados a las unidades de combate. En abril, por tanto, habrá compañías en las que podrán coincidir un oficial de sesenta y cinco años, su hijo de cuarenta y tres y su nieto de dieciséis.

Una circular[4] firmada por Martin Bormann —sin duda con la conformidad del Führer— autoriza la formación militar de las mujeres y las jóvenes en unidades de la Volkssturm. Una vez más, Hitler se alinea con una decisión similar adoptada por la URSS al comienzo de la guerra.

Martes, 6 de marzo

01.00 horas. Se pone en marcha la Operación Despertar de Primavera, de la que Hitler venía hablando desde enero. Será la última ofensiva alemana de envergadura de la Segunda Guerra Mundial. El Grupo de Ejércitos Sur, cuyo 6.º Ejército de Panzers se ha reagrupado finalmente, se lan-

Operación Despertar de Primavera, última ofensiva alemana importante ejecutada por el 6.º Ejército de Panzers en tierras húngaras.

za con más de 700 tanques y cañones de asalto y 300.000 hombres contra el Tercer Frente Ucraniano del mariscal Tolbujin (407 tanques y cañones de asalto y 465.000 hombres). Su objetivo es llegar al Danubio por ambas partes de Budapest. El barro y la lluvia entorpecen de inmediato el avance de los asaltantes. El adversario, prevenido, ha reorganizado su defensa en profundidad y dispone de una formidable artillería anticarros. Después de avanzar cuarenta kilómetros, todo se atascará el día 15 bajo un diluvio de fuego soviético. A partir del 16, los soviéticos lanzarán una potente contraofensiva que nada podrá detener.

Mediodía. En el diario del doctor Morell se lee: «El Führer rechaza el masaje del brazo izquierdo. Si no lo alterasen, sus temblores cesarían. Se encoleriza cuando se toman falsas medidas y, después, resulta que siempre tenía razón».

El alto mando del Ejército de Tierra (OKH) ordena fusilar a «todo soldado a quien se encuentre fuera de su unidad en las carreteras, en localidades, los convoyes de refugiados, los hospitales sin estar herido o sin haber recibido la orden correspondiente, y a quien pretenda estar aislado y buscar su unidad». Esta orden draconiana —que elimina toda distinción entre deserción y ausencia no motivada reconocida por todos los Ejércitos— se explica por el número cada vez más elevado de soldados en situación irregular en la retaguardia o que dejan el frente para vagar por las ciudades, las estaciones, los bosques, los hospitales. Hitler quiere evitar a toda costa que, ante la derrota, el Ejército se disgregue como en el otoño de 1918, periodo en el cual había hasta un millón de soldados más o menos ocultos. A finales de marzo, el mariscal de campo Schörner irá más lejos que el OKH y pedirá al mando «castigar sin piedad y sin incoar el procedimiento normal a todo hombre que pierda un arma cualquiera (incluida la pala de trinchera)»[5].

Miércoles, 7 de marzo

13.00 horas. Una vanguardia de la 9.ª División Blindada de Estados Unidos, de camino hacia la pequeña ciudad de Remagen, a veinte kilómetros al sur de Bonn, llega a la cresta que domina el Rin, último obstáculo natural antes de alcanzar el corazón del Reich. Ante el asombro general, el puente ferroviario Ludendorff, con una longitud de 325 metros, aparece intacto, aún franqueado por grupos de soldados aislados y de civiles en fuga. A las 15.00 horas, el comandante de la 9.º decide intentar un golpe de mano cuando un civil le informa de que el puente debe explotar a las 16.00 horas. Es exactamente en ese momento cuando una compañía, encabezada por un germano-estadounidense, el teniente Karl Timmermann, llega a la entrada de la estructura. Se oye una enorme explosión que lanza a tierra al oficial y a sus hombres. Cuando el polvo se disipa y los restos dejan de caer, Timmermann se da cuenta de que el tablero del puente exhibe un agujero de diez metros, pero aún se mantiene en pie. Con la protección de unos tanques, la pequeña tropa logra franquearlo, sin gran oposición, y tomar el despeñadero que domina la construcción en la otra orilla. La escasez de explosivos —y su mala calidad— y la indecisión del oficial alemán encargado de la demolición obran lo que los periodistas norteamericanos llamarán «el milagro de Remagen». El comandante de la 9.º División Blindada, general Leonard, comprende su oportunidad y lanza todo lo que tiene sobre la orilla opuesta. Después de algunas reparaciones, a las 22.00 horas cientos de vehículos de combate pasan ya a la cabeza de puente.

La reacción de Hitler es violenta. Clamando contra la traición, remite a cinco oficiales del sector ante un tribunal militar itinerante. Cuatro serán ejecutados; el quinto, por suerte para él, estaba ya en manos de los norteamericanos. El mariscal Von Rundstedt, comandante en jefe en el Frente Occidental, es destituido —por tercera vez en la guerra— y reemplazado por el mariscal de campo Kesselring, que se había distinguido por su tenaz defensa en Italia y su obediencia incondicional. Inmediatamente, el recién ascendido ordena destruir el puente por todos los medios. Hombres-ranas, cazabombarderos a reacción, infantería se sacrificarán en vano. El 15 de marzo, el puente acabará hundiéndose por sí solo, matando a 28 zapadores que trabajaban para salvarlo. Pero esto apenas tiene importancia porque, seis días más tarde, los estadounidenses dispondrán de cinco puentes flotantes en el sector. La cabeza de puente de Remagen crecerá de forma lenta pero segura hasta finales de marzo. Desde el punto de vista geográfico, el lugar no era el más propicio para un paso. Por descontado, con o sin Remagen, la suerte estaba echada desde hacía mucho tiempo. No obstante, la operación tuvo la ventaja para los Aliados de drenar los últimos recursos de la Wehrmacht, cuyo cordón defensivo a lo largo del Rin se reducía a ojos vistas.

Durante la noche. Eva Braun vuelve definitivamente a Berlín «en el tren postal», escribe Martin Bormann en su diario. Se ha despedido de su familia y sus amigos de Mú-

Captura del puente ferroviario Ludendorff sobre el Rin, cerca de la localidad de Remagen. Para cuando los alemanes logran hundirlo, los estadounidenses ya habían construido pasarelas que conectaban ambas orillas.

nich. Parece comprobado que volvió por su propia voluntad para estar al lado de Hitler hasta el final y a la vista de todo el mundo, algo que le había estado vedado hasta entonces.

Jueves, 8 de marzo

El general de las Waffen-SS Karl Wolff, exjefe del Estado Mayor personal de Himmler, que disponía de plenos poderes en Italia, llega discretamente a la estación de Zúrich vía Chiasso. En ese momento, el Grupo de Ejércitos C, todavía mandado por muy poco tiempo por el mariscal Kesselring, ocupa el norte de la península con 600.000 hombres. Desde febrero, Wolff intentaba poner fin a las hostilidades mediante un arreglo directo con los anglosajones.

A través de un industrial italiano y de los servicios secretos suizos, se había puesto en contacto con Allen Dulles, jefe de la oficina en Berna de la OSS, los servicios secretos de Estados Unidos. En unas horas llegan a un acuerdo basado en el principio de la capitulación de las fuerzas alemanas. A cambio de inmunidad y de buen trato a las tropas, Wolff se compromete a no destruir las instalaciones industriales del Piamonte y la Lombardía, y actuar como pantalla ante los partisanos comunistas de Tito que aspiraban a tomar Trieste. Wolff ha actuado sin el consentimiento de Himmler ni el de Hitler. Los anglosajones, por su parte, han tratado con el oficial de las SS violando los acuerdos concluidos con Stalin, aunque informándole parcialmente de los tratos.

Esta operación —que recibe el nombre en clave de *Sunrise* (Amanecer) para los occidentales— se dilatará en el tiempo, pero conducirá a la primera capitulación de las tropas alemanas, en Italia, el 29 de abril de 1945. En el mismo momento, y de forma independiente, Himmler y Kaltenbrunner, jefe de las policías, también intentaban encontrar una salida a la guerra a espaldas del Führer. La paradoja es considerable: la que abandonó a Hitler fue la dirección de las SS, no la de la Wehrmacht. O más bien la que intentó abandonarlo, porque el miedo al Führer era tal que esos hombres no se pusieron de acuerdo y actuaron con infinitas precauciones, indecisiones y giros radicales.

Una orden de Hitler fechada este día[6] prescribe enviar a prisión a los familiares de los soldados que caigan en cautividad «sin haber sido heridos o haber combatido, de manera verificable, hasta el último extremo». Esta orden recuerda las de la dirección soviética durante la desbandada de 1941, salvo por un matiz: en el Reich, los familiares de los «prisioneros voluntarios» son internados, no fusilados[7].

Viernes, 9 de marzo

Durante la noche. Entrevista de Hitler con el mariscal Kesselring y el general Von Manteuffel, en presencia de Martin Bormann. Anuncia a Kesselring su nombramiento como comandante en jefe del Frente Occidental en sustitución de Rundstedt. El contenido de la conversación no ha quedado registrado, pero sin duda hay que relacionarlo con el endurecimiento de la represión contra los soldados que no cumplan su deber, que ha pedido Hitler a la luz del asunto de Remagen, y del número tan elevado de prisioneros en el oeste.

Y así, ese mismo día Hitler decreta[8] la institución de tribunales militares itinerantes que solo responderán ante él, habilitados para administrar la pena de muerte en el acto, sin la posibilidad de recurrir al derecho de gracia. Este acto dejaba vía libre a la arbitrariedad de los escalones inferiores de los aparatos militares, al margen de todo control centralizado. Su texto —el tribunal poseía su propio pelotón de ejecución— indicaba con claridad que el Führer cubría de antemano todo acto que contemplara una mayor dureza. Esta tendencia se irá ampliando hasta los últimos días de la guerra en el Ejército, la Policía, el partido y la Administración, y explica en gran medida la multiplicación de los excesos más graves. Está claro que la iniciativa del endurecimiento procedía de Hitler en persona.

No disponemos de cifras, pero es indudable que el conjunto de medidas disciplinarias de febrero y marzo de 1945 hizo dispararse el número de condenas a muerte: 19.600 en toda la guerra para Alemania, ¡en comparación con las 48 ejecuciones durante la Primera Guerra Mundial! Esto sitúa a la Wehrmacht muy cerca del Ejército imperial japonés (22.253 ejecuciones), pero muy por detrás del Ejército Rojo (150.000). La cifra alemana no incluye las miles de ejecuciones salvajes cometidas por escuadrones itinerantes de gendarmes militares o de las SS. Hasta el último momento, se ahorcará a los soldados colgándoles al cuello letreros infamantes: «He sido demasiado cobarde para defender a las mujeres y los niños alemanes», «Soy un desertor indigno de vivir en la comunidad nacional», etc.

Sábado, 10 de marzo

11.00 horas. Como de costumbre, Martin Bormann presenta a Hitler su informe sobre la situación interior, el estado del partido y las medidas que se han de adoptar. ¿Hablaron del Werwolf? No lo sabemos con certeza, pero Bormann data en ese día la circular en la que se describen las misiones que la organización nazi de resistencia debe emprender para desorganizar la retaguardia del enemigo[9].

Durante la tarde. En el balance de situación, los participantes plantean el problema de la seguridad de Hitler, después de que varias bombas cayeran en la cancillería el 26 de febrero. Se propone trasladar toda la dirección de la guerra a las instalaciones de la Luftwaffe, en Wannsee, en la periferia suroccidental de Berlín, o a Zossen, donde ya se encontraban el OKH y el OKW. Esta solución es bien vista por los militares, que estarían de nuevo cerca de Hitler y se evitarían los fastidiosos y peligrosos viajes de ida y vuelta. Sin embargo, el Führer se niega a abandonar la cancillería y su búnker privado en el que está a punto de vivir las veinticuatro horas del día.

Domingo, 11 de marzo

11.03 horas. 1.055 bombarderos británicos lanzan 4.700 toneladas de bombas sobre Essen. Supone el ataque número 240 sobre este corazón del Ruhr, arsenal del Reich. Hay 900 víctimas y la ciudad queda devastada.

Durante la noche. Goebbels pasa varias horas con Hitler, a quien encuentra «en la mejor forma». Le regala un nuevo ejemplar de la vida de Federico el Grande de Carlyle y retoma el *leitmotiv* hitleriano de este final de la guerra: «Debería ser nuestra aspiración dar también hoy un ejemplo al que puedan recurrir las generaciones futuras cuando se enfrenten a crisis y cargas semejantes». Hitler critica con virulencia a Himmler, a quien atribuye la responsabilidad del fracaso de la ofensiva en Pomerania. Habla de «irreparable fractura». Después menosprecia a sus generales y declara que con el establecimiento de los tribunales militares itinerantes la dirección de la Wehrmacht aprenderá a obedecer o probará el pelotón de ejecución. El objetivo final es la creación de un ejército auténticamente popular y nacionalsocialista. «Hay que retirar del frente», dice Hitler, «a los simples soldados condecorados con la cruz de caballero y enviarlos a las escuelas de oficiales. Y no importa si tienen o no buenos modales en la mesa». Acuerdan poner en marcha una actividad de partisanos en la retaguardia del enemigo.

En el terreno militar, Hitler se consuela de la captura de puente de Remagen afirmando que la cabeza de puente construida por los norteamericanos no es, desde el punto de vista operativo, un buen negocio para ellos, algo en lo que no se equivoca en absoluto. Reitera su convicción de que la coalición enemiga se romperá, rechaza todo sondeo en dirección a los británicos y menciona la posibilidad de «encontrar un acuerdo con el Este», porque Stalin, a diferencia de los occidentales, atados por la opinión pública de cada país, «está en condiciones de dar un giro de ciento ochenta grados a su política de guerra». Pero, añade Hitler, no lo haremos hasta después de haber infligido una fuerte derrota a los soviéticos:

> Esta paz [con el Kremlin] no alcanzaría nuestros objetivos de 1941, desde luego, pero se podría llegar a una nueva partición de Polonia, y Hungría y Croacia quedarían bajo la protección de Alemania. [...] Por este motivo, el Führer es de la opinión de que debemos incitar a la venganza en el este, pero al odio en el oeste.

Después, Hitler y Goebbels ven los noticiarios cinematográficos, los últimos de la guerra habida cuenta de la escasez de película y de las dificultades para llevar las bobinas a las salas[10].

El «día del recuerdo de los héroes», Hitler tenía la costumbre de depositar un ramo de flores en el monumento a los caídos de la avenida Unter der Linden. No lo había hecho en 1944, con el pretexto de la lejanía de su cuartel general prusiano. Este 11 de marzo de 1945 dice expresamente que no tiene ninguna gana de aparecer ante los berlineses[11]. En lugar de un ramo de flores, se digna a dirigir una proclama bastante breve a la Wehrmacht. En medio de las maldiciones contra el tratado de Versalles, el bolchevismo y la conspiración judía mundial, el mensaje sigue siendo el mismo. Alemania está amenazada de exterminio; nunca más habrá un noviembre de 1918; solo la resistencia a ultranza de los soldados puede salvar la situación «con la ayuda del Señor Todopoderoso, que, al final, no negará su gracia». La última frase debió de provocar muecas en los diez millones de soldados aplastados bajo el hierro y el fuego: «¡Si resistimos y golpeamos al enemigo, acabará cansándose y rompiéndose!»[12].

Lunes, 12 de marzo

Mediodía. 443 bombarderos estadounidenses atacan el puerto de Swinemünde a baja altitud. La ciudad es destruida y 50 navíos son hundidos. El número de víctimas es de 4.500 y no de entre 20.000 y 28.000, como se lee a menudo[13]. La mayoría de los muertos son refugiados que han huido del avance soviético en Pomerania y en Prusia Occidental. Hitler, a través de Bormann[14], ha animado al linchamiento de los aviadores derribados, que registra un máximo, en marzo de 1945, de 37 muertos[15].

Felix Kersten, el exmasajista de Himmler, vuelve de Suecia para ofrecer sus servicios a quien fuera su jefe en la búsqueda de contactos con los occidentales. En señal de buena voluntad, Himmler se compromete a dar la orden de no arrasar los campos cuando se acerquen los Aliados y a no liquidar a los judíos. Según una declaración de Höss, el comandante de Auschwitz, en su juicio en 1946, la orden fue transmitida por Oswald Pohl —uno de los grandes organizadores de la Solución Final— a los comandantes de los campos. Si bien un puñado de judíos lograron finalmente sobrevivir después de su traslado al campo checo de Theresienstadt en aplicación de esta orden, decenas de miles perdieron la vida en las marchas de la muerte.

Martes, 13 de marzo

14.00 horas. Martin Bormann es recibido por Hitler en compañía del general Burgdorf, responsable del personal militar del Ejército de Tierra. Se habla de la orden del Führer de ese mismo día, de reforzar el cuadro de oficiales nacionalsocialistas (NSFO) introducido a finales de 1943. La medida debe permitir «la activación política y la fanatización de la tropa»[16], así como la vigilancia del cuerpo de oficiales —animando la delación—, según el modelo de los comisarios políticos del Ejército Rojo. De estos, los 48.000 NSFO[17] adoptan las técnicas de agitación y propaganda: consignas pintadas en los muros y los vehículos («¡Victoria o Siberia!», «¡Vencer o desaparecer!»), octavillas, diarios de unidad, charlas políticas, vigilancia del vocabulario (no se dice rusos, sino «infrahumanidad roja», «degenerados a sueldo de los judíos», «bolcheviques sanguinarios», etc.). Esta medida de politización aparece demasiado tarde para que su efecto sea algo más que marginal.

Durante el día. Hitler ordena la evacuación hacia el interior de las poblaciones de las regiones occidentales del Reich. Goebbels critica esta decisión en su diario: es imposible en la práctica, explica. No queda espacio para instalar a los nuevos refugiados, ni transportes, y la gente no quiere abandonar sus ciudades y pueblos. Hitler insiste con el argumento del ejemplo soviético: si no se hace la evacuación, el Ejército se verá privado de los jóvenes grupos de edad que necesita. A pesar de su insistencia, su orden no se cumplirá y millones de alemanes pasarán en unos días a estar bajo la autoridad de Estados Unidos. Este hecho decidirá a Bormann y Goebbels a intentar cambiar la misión principal del Werwolf. En lo sucesivo, sus agentes deberán velar, mediante la propaganda y la intimidación, por el mantenimiento de un espíritu de resistencia nacionalsocialista en la población que se pase «al otro lado».

20.24 horas. 90 aviones británicos atacan el distrito gubernamental. El Ministerio de Propaganda resulta gravemente afectado. Hitler, que está con Bormann, llama a Goebbels y le pide que se presente. Apenas ha llegado cuando Goebbels, enojado por la destrucción, pide con más insistencia que de costumbre la destitución de Göring que, dice, ha destrozado la Luftwaffe y ha regalado el cielo a los Aliados. Hitler no está convencido de esta medida. Desvía la atención y anuncia triunfalmente que los tribunales militares itinerantes entran por fin en acción: el general responsable de la captura del puente de Remagen ha sido fusilado. «Con medidas semejantes se puede salvar todavía al Reich», exclama Goebbels que, como su jefe, cree en la radicalización creciente para «superar la crisis». «Hay que acabar con el orgullo de la Wehrmacht»[18], añade.

Jueves, 15 de marzo

04.00 horas. Los Ejércitos 3.º y 7.º de Estados Unidos y el 1.er Ejército francés se lanzan al ataque del triángulo formado por el Sarre y el Palatinado. El apoyo aéreo es gigantesco, hasta 10.000 salidas al día. Se franquea el río Mosela sin resistencia, se perfora la Línea Sigfrido sin mayores dificultades. Diez días después, los Aliados acampan a lo largo del curso medio del Rin, desde Estrasburgo hasta Coblenza. De nuevo, la resistencia alemana se desmorona rápidamente, el número de prisioneros es elevado.

Durante la tarde. La agencia DNB informa que el Reich reconoce al Comité Nacional Ucraniano de Pavlo Chandrouk y, por tanto, acepta, tácitamente, la idea de la independencia de Ucrania, la joya del imperio colonial con el que Hitler soñaba en el este. El Führer ha consultado previamente con Alfred Rosenberg —ideólogo del Partido y exministro para los Territorios Ocupados del Este— para hablar de esta medida, que contradice toda su política anterior en relación con las minorías nacionales en la URSS. Al estar contra las cuerdas, se conforma con hacer política en vez de exigir la sumisión, la explotación, la colonización y el exterminio. El gesto es irrisorio.

Durante la noche. Hitler llama a Goebbels. Ambos se deshacen en recriminaciones contra los generales, «viejos, gastados, totalmente ajenos a la actitud y al pensamiento nacionalsocialistas». «¡Ah, si tuviéramos el equivalente de los generales de Stalin!», se lamentan a coro.

A petición de Ribbentrop, en modo alguno escarmentado por sus reiterados fracasos, Fritz Hesse, secretario de embajada en Estocolmo y experto sobre el Reino Unido en el Ministerio de Asuntos Exteriores, intenta sondear a los Aliados occidentales con miras a una paz separada. No logra contactar con ningún diplomático y sus conversaciones se limitan a los medios empresariales suecos. Tres días después, el diario de Estocolmo *Svenska Dagbladet* destapa el asunto. Al ser informado, Hitler se agarra una rabieta terrible, aun cuando en febrero había admitido ante Ribbentrop: «No se sacará nada de esto, pero si se empeña, puede hacer un intento». Fuera de sí, espeta a la cara de su ministro: «¡No tiene que haber tratos! ¡Cuando tenga que haberlos, entonces yo los dirigiré personalmente!». Si creemos lo que se dice en el diario de Goebbels, Hitler prohibirá también el 21 de marzo que se mantenga una entrevista con un supuesto emisario soviético en Estocolmo[19]. El argumento es siempre el mismo: no se negocia en posición de debilidad. Es evidente que Hitler no tiene la menor intención de negociar, sea cual sea la situación.

Viernes, 16 de marzo

05.00 horas. El Tercer Frente Ucraniano, bajo el mando del mariscal Tolbujin, inicia la contraofensiva en Hungría.

El ataque alemán, ya moribundo, se detiene en seco y las tropas comienzan inmediatamente a retroceder acusando el golpe. La brecha estratégica de los soviéticos se consumará el 25 de marzo con la apertura de la carretera de Viena.

21.24 horas. Miles de bombas comienzan a caer sobre Wurzburgo, que estaba intacta hasta entonces. Sin oposición, los británicos reinciden al día siguiente. En total, 1.000 bombarderos lanzan 1.145 toneladas de explosivos que causan la muerte de entre 4.000 y 5.000 personas y destruyen el ochenta y nueve por ciento de la ciudad, un récord.

Durante la noche. En el hospital de San José de Ottmachau, el médico de las SS Gottfried Matthes asesina, con veneno, morfina y balas, a 35 enfermos mentales, hombres, mujeres y niños, abandonados durante la evacuación de la ciudad ante la llegada del Ejército Rojo. Matthes no ha actuado cumpliendo órdenes —estaba allí por casualidad, evacuado a Ottmachau con su familia—, sino en nombre de la política racial del Reich, del que era el corresponsal local en la ciudad de Grottkau, en Silesia[20].

Sábado, 17 de marzo

Durante la mañana. El 3.er Ejército estadounidense del general Patton toma Coblenza, en la confluencia del Mosela y el Rin. La ciudad está destruida en un ochenta y siete por ciento. De 95.000 habitantes, quedan 9.000 refugiados entre las ruinas y en los búnkeres.

Hacia las 13.00 horas. Hitler entra sin anunciarse en el comedor de la cancillería y encuentra al almirante Dönitz y a Martin Bormann sentados a la mesa con Heinrich Hoffmann. Se niega a estrechar la mano de quien fuera su fotógrafo personal y su íntimo amigo, el hombre que le presentó a Eva Braun y a Theo Morell. «¿Está usted curado de verdad?», pregunta en tono amenazador. Hoffmann responde que nunca ha estado enfermo, pero Hitler mantiene la actitud de suspicacia. Lo cierto es que Bormann ha hecho creer a Hitler que Hoffmann, a quien detesta, había contraído el tifus, con el único objetivo de alejarlo de la cancillería. El secretario personal del Führer utiliza todas las artimañas para mantener cerrado con llave el acceso a su jefe.

Hacia las 16.00 horas. En el balance de situación, el *Gruppenführer*-SS Hermann Fegelein, cuñado de Eva Braun —y quizá su amante según las declaraciones de Christa Schroeder al historiador Anton Joachimsthaler—, llega con retraso y en un avanzado estado de embriaguez. Hitler le hace salir a duras penas. Fegelein, un tipo atractivo, juerguista y asesino de judíos, es el primero en derrumbarse en el entorno de Hitler. En su diario, Von Oven, que representa a Goebbels en la reunión, relaciona el incidente con la

> [...] moral del pueblo que no puede caer más bajo. Muy pocos siguen creyendo en un final de la guerra sin un gran coste y ni siquiera esos saben cómo justificar semejante esperanza. [...] ¿Dónde ha ido a parar el odio al bolchevismo [...]? ¿Dónde ha ido a parar la rabia contra el enemigo anglosajón que bombardea cada día sin piedad? [...] Es inútil pensar en una revuelta. *¿Furor teutonicus?* No queda nada. ¿Recluta-

miento en masa? Una quimera. El pueblo alemán está moralmente desangrado. La tensión física y psíquica ha sido demasiado fuerte y ha durado demasiado tiempo. El pueblo alemán se hunde, quemado desde dentro, hacia una sorda estupidez colectiva, de donde nada ni nadie podrá hacerlo salir[21].

Domingo, 18 de marzo

10.52 horas. La aviación norteamericana lanza el ataque sobre Berlín más importante de la guerra. Intervienen 1.211 fortalezas volantes y 691 cazas para protegerlas de... 28 Messerschmitt. Además de las octavillas y de las falsas cartillas de racionamiento, los habitantes reciben 1.557 toneladas de bombas explosivas y 1.535 toneladas de bombas incendiarias. Se cuentan 600 muertos y desaparecidos, 80.000 personas sin hogar. Si bien el distrito gubernamental vuelve a verse afectado, esta vez el blanco han sido las más importantes de las 8.000 instalaciones industriales.

A mediodía. Hitler llama a Goebbels para interesarse por la situación en Berlín. El ministro de Propaganda no le oculta el estado catastrófico de la moral de la población:

> Poco a poco, los millones de habitantes de la capital se vuelven nerviosos e histéricos. Es comprensible cuando, cada noche, se ven obligados a bajar a unos sótanos que tienen unas condiciones de seguridad primitivas. Es un suplicio que, a la larga, desgarra los nervios [...][22].

Al término de la reunión de situación, Nicolaus von Below, ayudante de campo de Hitler para la Luftwaffe, transmite al Führer un memorándum de diez páginas firmado por Speer, que este le ha entregado el 15 de marzo, titulado «Situación económica marzo-abril de 1945 y consecuencias»[23]. El hundimiento económico se producirá al cabo de entre cuatro y ocho semanas, escribe Speer, tras lo cual no se podrá proseguir la guerra.

Durante la noche. En el transcurso de una breve reunión a solas en el búnker, Speer entrega a Hitler un segundo memorándum[24], del que no habla en sus memorias y del que no hablará después de la guerra. Lejos de pedir que se ponga fin a las hostilidades, conmina a Hitler a lanzar todas las fuerzas sobre el Oder y sobre el Rin con el fin de, mediante una resistencia encarnizada, «ganar el respeto del enemigo y, quizá, determinar el desenlace de la guerra en nuestro favor». Pide sin pestañear que la totalidad de la Volkssturm, jóvenes y viejos, sea enviada al frente. Haciendo alusión al primer memorándum de Speer, que pide, no la destrucción, sino el simple desmantelamiento de las infraestructuras fundamentales del Reich, Hitler lanza entonces su famosa invectiva de darwinismo social:

> Si la guerra está perdida, entonces el pueblo también está perdido. No es necesario tomar en consideración las bases que necesitará el pueblo alemán para continuar una vida primitiva. Al contrario, es preferible que destruyamos nosotros mismos esas cosas. Porque el pueblo se ha mostrado el más débil y el futuro le pertenece finalmente al pueblo del Este, que es el más fuerte. Los que queden después de este combate serán los menos válidos puesto que los buenos han caído[25].

A petición de Speer, que de ese modo quiere dar prueba de fidelidad personal, Hitler le entrega una fotografía dedicada con motivo de su cuarenta cumpleaños. La letra resulta ilegible a causa de los temblores.

Lunes, 19 de marzo

06.00 horas. Hitler clausura el balance de situación que había comenzado a las 22.00 horas del día anterior. Según Goebbels, no dormirá ni dos horas y se precipita hacia un rápido agotamiento.

Hitler firma el decreto que ordena las destrucciones que han de producirse en todo el territorio del Reich. Pide que no se deje atrás más que una «tierra quemada». Todo aquello que pueda «ser útil al enemigo o facilitar su combate» debe ser destruido: transportes, telecomunicaciones, industria, alimentación, «todos los bienes materiales»... Se ha criticado mucho esta orden, que habría condenado al pueblo alemán a morir de hambre y de cuyo sabotaje intencionado se jactó Speer durante el juicio de Núremberg. Cabe señalar que el mando de la Wehrmacht estaba dispuesto a aplicarla, remitiéndose sin duda mentalmente a la que dio Stalin en 1941. En realidad, esta orden neroniana era en gran medida impracticable, por falta de explosivos y de tropas del cuerpo de ingenieros capaces de utilizarlos de forma eficaz.

Por otro lado, los decretos de implementación del OKW y dos nuevas órdenes[26] de Hitler (de 30 de marzo y 7 de abril) la anularon en la práctica al preconizar únicamente la «parálisis» de las instalaciones esenciales. Las destrucciones realizadas afectaron sobre todo a los puentes. Aun cuando su impacto real fue muy escaso, el decreto de tierra quemada pone de manifiesto una vez más el radicalismo suicida de Hitler, su voluntad de no escatimar medios para prolongar la guerra siquiera un día y la certeza que tenía de escribir una nueva epopeya de los nibelungos.

Martes, 20 de marzo

Hacia las 02.30. Bormann, que acaba de volver del Berghof, está con Hitler en compañía del *Gauleiter* de Prusia Occidental, Albert Forster. Este, que ha llegado desesperado por el avance de los soviéticos y enfadado, saca pecho ante la secretaria Christa Schroeder: «¡Le voy a decir toda la realidad de la situación! [...] Puede usted contar conmigo. ¡Se lo voy a decir todo, aunque me eche por ello!». A la salida, la secretaria ve un hombre totalmente distinto: «El Führer me ha prometido nueve divisiones para Dantzig. Francamente, no sé dónde las va a encontrar. Pero me ha explicado que salvará Dantzig y ya no hay que dudar».

Si bien su capacidad para convencer a los demás seguía siendo grande, Hitler no podrá hacer nada contra el Segundo Frente Bielorruso a las órdenes del mariscal Rokossovski. El 5 de marzo, este hace ejecutar a sus ejércitos un espectacular cuarto de vuelta a la derecha en dirección a la zona fortificada de Gotenhafen-Dantzig (Gdynia-Gdańsk). La Pomerania oriental es conquistada en seis días. El 12 de marzo, los tanques soviéticos, haciendo retroceder a una masa de civiles aterrorizados y soldados desmoralizados, están ya ante Gotenhafen y comienzan la batalla por los puertos. En el camino, se han cruzado con 140 soldados alemanes ahorcados en los árboles por deserción, real o supuesta[27].

03.30 horas. Bormann y Forster salen del búnker del Führer. La alerta aérea se activa a las 03.44 horas. Sabemos por el cuaderno del doctor Morell que Hitler pasa una «mala noche, a pesar de los somníferos».

Durante la tarde. En el jardín de la cancillería, a dos pasos del búnker, Hitler pasa revista a 50 soldados, 30 de la División SS *Frundsberg* y 20 niños y adolescentes de las Juventudes Hitlerianas. Condecora con la cruz de hierro al más joven, Alfred Czech, de once años y medio, y después le toca en la mejilla. La escena se filma para los noticiarios cinematográficos. Son las últimas imágenes animadas que se conocen del Führer.

Escena que muestra el momento en que Hitler condecora al niño Alfred Czech, miembro de las Juventudes Hitlerianas.

Durante la noche. Cerca de Warstein, en Westfalia, 56 mujeres, 16 hombres y un niño de seis años son masacrados por orden del ingeniero y oficial de las SS Hans Kammler. Al día siguiente, en el mismo sector, otras dos matanzas elevan el número de víctimas a 208, todas ellas trabajadores forzados de la URSS y Polonia. Evacuados del Ruhr, donde la destrucción de las fábricas les ha privado de empleo, esos obreros, formados en columnas, harapientos, muriéndose de hambre, han robado alimentos en su camino y han sido denunciados. La voluntad de desembarazarse de las «bocas inútiles» y el miedo a que formen una «quinta columna» o se revuelvan contra los ciudadanos alemanes deciden su suerte. En términos generales, los trabajadores forzados[28] presentes en el Reich y sus dependencias, entre siete millones y siete millones y medio, son uno de los blancos principales de la radicalización asesina del régimen nazi.

Miércoles, 21 de marzo

Durante la noche. Goebbels entra en la cancillería. Hitler le causa «una impresión de cansancio y abatimiento». «El Führer está desesperado por la situación militar». Explica las derrotas en el oeste por el mantenimiento de una «pandilla de traidores», a pesar de la represión que siguió al atentado del 20 de julio. Goebbels hace hincapié en que la tropa y sus jefes no luchan ya debido a la enorme y deprimente superioridad aérea del enemigo y no ven ya perspectivas de victoria. Hitler persiste en su análisis: «Algunos jefes militares siguen acariciando la idea de aliarse con los occidentales contra los soviéticos». Goebbels responde que ni el Ejército ni la población tienen ya la voluntad de luchar en el oeste y que la moral ha caído hasta cero en todas partes. Los dos hacen a la vez esta observación: «Un desarrollo ordenado de las operaciones ya no es posible en la práctica. No tenemos redes de transporte ni de telecomunicaciones. No solo nuestras ciudades sino también nuestra industria están destruidas en su mayor parte».

Sin embargo, Hitler concluye una vez más con las mismas palabras: «Debemos aguantar en el frente, conseguir si es posible un éxito para entablar conversaciones con el enemigo». «La coalición se romperá —repite—, y de hecho será por Stalin, no por Roosevelt o Churchill. Stalin es un verdadero realista y por eso debemos hacer lo antes posible algo con él». Estas frases de Hitler se contradicen con su decisión, tomada tres horas antes, de prohibir a Ribbentrop que se ponga en contacto con un representante soviético en Estocolmo.

Jueves, 22 de marzo

Hacia la medianoche. La quinta división del 3.er Ejército de Estados Unidos, bajo el mando del fogoso general Patton, cruza el Rin por sorpresa en Oppenheim. Los primeros elementos pasan en vehículos anfibios y pronto se dispone un puente de barcas. La oposición es muy escasa: nadie, en el lado alemán, esperaba un asalto en ese punto. Es el primer acto del hundimiento del frente en el oeste. El día 26, los tanques Sherman estarán ya en Darmstadt, llegarán al Meno y, el 29, entrarán sin el menor esfuerzo en Fráncfort, «convertida en un mar de banderas blancas. [...] El *Gauleiter* Sprenger había jurado defender su ciudad hasta su último aliento. En lugar de eso, ha sido el primero en salir en dirección al este a bordo de un coche oficial muy cargado»[29]. Después de Patton, el grueso del XII Grupo de Ejércitos bajo el mando del general Bradley se adentrará en pleno Reich en dirección a Turingia. La mañana del 25, Goebbels anota en su diario: «La situación militar en el oeste se ha vuelto extraordinariamente crítica, quizá ha alcanzado la fase de la agonía».

Sábado, 24 de marzo

Medianoche. Morell anota: «Conjuntivitis en el ojo izquierdo; mano izquierda hinchada; tobillo y muslo izquierdos muestran también hinchazón. Lectura prohibida. El balance de situación de la noche debe acortarse y a ser posible sin lectura de mapas».

03.00 horas. El balance de situación comienza con mucho retraso. Es el último del que se conserva el informe taquigráfico. Las medidas militares planteadas para responder a los pasos del Rin son irrisorias: aquí, un puñado de cazas a reacción, ahí un contraataque de una división de la Volkssturm, allí la participación de un batallón de cazadores de blindados pesados. En realidad, la única manera de retrasar al enemigo es volar todos los puentes sobre el Meno.

Se produce a continuación un intercambio de impresiones absurdo sobre la transformación del eje este-oeste de Berlín en pista de aterrizaje: ¿hay que quitar o no las farolas? Von Below cambia de tema al preguntar si se puede dejar de ahogar Berchtesgaden en la niebla artificial cada vez que se detecta la llegada de un avión. Las reservas de gas se agotan… «Sí, pero entonces todo estará perdido, hay que ser conscientes de ello», responde Hitler. «Es una de las últimas escapatorias que poseemos. […] Si, un día, aquí, Zossen es destruida por los bombardeos, ¿adónde iremos?». Esta observación deja entrever que, en esa fecha, Hitler no tenía decidido con claridad quedarse en Berlín *pasara lo que pasara,* como afirma Goebbels en su diario. En cambio, rechaza toda idea de mudarse a Zossen o a Wilder Park, al suroeste de Berlín, donde la Luftwaffe posee instalaciones bajo hormigón.

En el mismo momento. Bajo la mirada de Churchill, el XXI Grupo de Ejércitos del mariscal Montgomery cruza el Rin por ambos lados de Wesel con un enorme desplie-

Operación Plunder, diseñada por el mariscal británico Montgomery para cruzar el Rin a la altura de Wesel. Permitió el paso de numerosas tropas británicas y estadounidenses que, a la larga, terminarían con el Frente Occidental.

gue de fuerzas. La resistencia alemana es más seria que en Oppenheim, pero no puede impedir que los británicos avancen con rapidez hacia el interior.

Durante la mañana. El mariscal Rokossovski ofrece la capitulación a los defensores de Gotenhafen y Dantzig. Hitler responderá por la noche: «Es decisivo que se defienda cada metro cuadrado del sector Dantzig-Gotenhafen»[30]. Una vez más, se trata de retener al máximo de fuerzas soviéticas lejos del Oder y de Berlín, lejos del búnker de la cancillería. La resistencia alemana se doblegará el 27 de marzo.

> Por la noche, los hombres desaparecen por centenares de las unidades. A lo largo de la Hindenburgallee, decenas de soldados son ahorcados sumariamente en los árboles por escuadrones de las SS borrachos. En los carteles colgados en el cuello se lee: «Me han ahorcado porque no obedecí la orden de mi jefe de transporte»; «Soy un desertor»; «Era demasiado cobarde para combatir»; «Estoy aquí por haber abandonado mi unidad sin permiso»[31].

Muchos de los soldados ejecutados de este modo son jóvenes auxiliares de la defensa antiaérea, de quince o dieciséis años, sorprendidos al salir del domicilio de sus padres, adonde habían acudido sin autorización. El 28 de marzo, finalmente, todo estalla y la bandera roja ondea sobre Dantzig. Los últimos defensores retrocederán en desorden a lo largo de la costa en dirección al Vístula, arrastrando a miles de civiles azorados. Tras su paso, vuelan los diques que protegen las tierras bajas. Estas inundaciones vuelven inaccesible el delta para las tropas rusas y asegurarán la supervivencia de una cabeza de puente hasta el 9 de mayo de 1945. Por una cruda ironía, este último cuadro alemán en el territorio del Reich al este del Oder tendrá como centro el campo de la muerte de Stutthof. El 30 de abril de 1945, la Kriegsmarine aún encontrará cómo evacuar a varios miles de deportados hacia Flensburg, cerca de Dinamarca.

15.00 horas. Bormann se presenta ante el Führer en compañía de Koch, *Gauleiter* de Prusia Oriental. Sin duda se habla del terrible drama que se representa alrededor de Heiligenbeil, donde el 4.º Ejército del general Müller sufre un auténtico «Stalingrado prusiano». Con la laguna de Frisches Haff a sus espaldas, sus 200.000 hombres son comprimidos y aplastados por el Tercer Frente Bielorruso a las órdenes del mariscal Vasilevski. Müller ya ha formulado media docena de peticiones de evacuación de las fuerzas hacia el puerto de Pillau. ¿Qué se dijeron Koch y Hitler? No lo sabemos, pero el resultado de la entrevista es que Hitler autorizó la evacuación de lo que quedaba del 4.º Ejército para reforzar la defensa de Königsberg. Solo 50.000 hombres sin material lograrán escapar.

Domingo, 25 de marzo

Hacia las 16.00 horas. Percy Schramm, redactor del periódico del OKW, ve a Hitler durante el balance de situación:

> Físicamente, ofrecía un espectáculo terrible. Se arrastraba a duras penas y con torpeza, proyectando la parte superior de su cuerpo hacia delante, sus piernas le seguían desde su ha-

bitación hasta la sala de reuniones del búnker. No tenía ya sentido del equilibrio; si lo hubieran parado en este corto trayecto, habría tenido que sentarse en uno de los bancos apoyados en las paredes... Había perdido todo control sobre su brazo derecho, su mano izquierda temblaba permanentemente[32].

Durante la noche. Un comando de cinco personas asesina en su domicilio a Franz Oppenhoff, nombrado por los norteamericanos alcalde de Aquisgrán, primera ciudad liberada de Alemania, el 21 de octubre de 1944. Los asesinos, entre los que hay una mujer joven y un niño de dieciséis años, firman su fechoría con un nombre todavía misterioso, Werwolf.

Lunes, 26 de marzo

03.00 horas. Las compañías de asalto del 7.º Ejército estadounidense cruzan el Rin en Worms y establecen una tercera cabeza de puente. Al margen de los combates en las calles de Ludwigshafen, el avance es bastante sencillo y Mannheim caerá el día 29. Ciudades y pueblos enarbolan por millares las banderas blancas, las reacciones de la población son amistosas casi en todas partes.

Al amanecer. Un grupo móvil de la Policía, enviado por el SS Hans Trummler, entra en el campo de trabajo de Hirzenhain, en Hesse. Ante la falta de tiempo para evacuar a los detenidos —44 de los cuales son mujeres que acaban de llegar de la prisión de la Gestapo en Fráncfort—, los SS, totalmente borrachos, les ordenan cavar una fosa y saltar a ella.

A continuación, vacían sus metralletas en los cuerpos amontonados. Los norteamericanos contarán 87 cadáveres —dos tercios de ellos de mujeres—, casi todos polacos y soviéticos. El grupo de Trummler, integrado por entre 1.000 y 1.500 hombres, sembrará el terror y la muerte a lo largo de su huida, que lo llevará hasta Bohemia y Baviera.

En su diario, Goebbels anota al respecto:

> [E]n el oeste ningún símbolo de resistencia se ha materializado, como en Königsberg o Breslavia en el este. [...] En el oeste, el enemigo lo tiene fácil. Ni los soldados ni la población le oponen una resistencia organizada e intrépida. [...] La población recibe a los americanos con banderas blancas[33].

Martes, 27 de marzo

Durante la mañana. Un primer grupo de exinternados militares italianos, transformados en trabajadores forzados, es ahorcado públicamente en la plaza del mercado de Hildesheim. Les seguirán otros dos grupos, con lo que el número de víctimas se elevará a entre 30 y 50. Su crimen: haber recogido latas de conserva quemadas en el bombardeo que había tenido lugar cinco días antes[34].

Mediodía. Según el doctor Morell, los temblores se vuelven tan fuertes que Hitler acepta las sesiones de electroterapia que siempre había rechazado.

Durante la tarde. El último cohete V2 que llega al Gran Londres mata a una mujer de treinta y cuatro años, Mrs. Ivy Millichamp. Es el final de una de las armas favoritas de

Goebbels, con la que el temible ministro de Propaganda había mantenido durante dieciocho meses la esperanza de una revancha sobre Inglaterra y la de una victoria final merced a la superioridad tecnológica. Hoy sabemos que esas armas mataron a más personas entre los deportados que las fabricaban que entre la población sobre la que caían. En diciembre de 1944 habían aparecido las burlas entre la población, como reflejo de la decepción general:

—¿Habéis oído que la Marina posee una nueva arma milagrosa?
—No, ¿de qué se trata?
—¡Un submarino de dos plazas con paredes de goma de caucho de un metro cuarenta de grueso!
—¿Para protegerlo de la detección por sonar?
—No. Va a bordear las costas inglesas y borrar la isla[35].

Hitler se entera de que Argentina ha declarado —de mala gana— la guerra al Reich. Son ya 58 los Estados que han tomado esa decisión, sin contar los otros 14 que se han incautado, sin declaración de guerra, de los activos alemanes. En 1914-1918, Guillermo II tuvo que hacer frente a 33 declaraciones de las hostilidades.

Durante la noche. Goebbels mantiene una larga entrevista con Hitler y el general Burgdorf. Encuentra a ambos abatidos por la situación militar. Burgdorf reconoce que ya no hay ningún medio de detener a las tropas estadounidenses. En Hungría, la situación también se ha vuelto muy crítica: «Nuestras tropas de las SS se han comportado miserablemente». Furioso, Hitler ha enviado a Himmler sobre el terreno para arrancar la banda *Leibstandarte Adolf Hitler* que va cosida en las guerreras de la división del mismo nombre. «Las SS no han producido ningún general de envergadura», observa con justicia.

El Führer y Himmler —Hitler casi partido en dos— salen después a pasear por el jardín devastado de la cancillería y después a la terraza que hay delante del gran despacho del Führer. Goebbels escoge ese momento para exhortar a Hitler a pronunciar un gran discurso a semejanza de Churchill en mayo de 1940 o de Stalin en julio de 1941. «Sería suficiente con quince minutos en la radio», añade. Hitler hace vagas promesas, repite que un viraje de la situación se producirá en el último segundo, que sigue creyendo en su buena estrella. «A veces da la impresión de que vive en las nubes», comenta Goebbels, quien, por su parte, presiona a Hitler para que destituya a Göring, Ribbentrop, Speer...

El general comandante del décimo distrito militar da a conocer que, en Hamburgo, veintiún desertores de la Wehrmacht han sido condenados a muerte y fusilados. El comunicado advierte que «los que eludan sus obligaciones y los cobardes conocerán la misma suerte, sin esperanza de gracia»[36].

Miércoles, 28 de marzo

Durante la mañana. Eisenhower envía a Stalin, a través de la misión militar estadounidense en Moscú, el telegrama que pondrá su rostro al final de la guerra. Por su propia iniciativa, el comandante en jefe del cuerpo expedicionario aliado desvela sus planes militares: «Cercar y destruir a las fuerzas enemigas que defienden el Ruhr», confluir con las fuerzas soviéticas en una línea Erfurt-Leipzig-Elba, realizar un «avance secundario» hacia los Alpes para impedir que los alemanes constituyan allí un «reducto». Tácitamente, Eisenhower renuncia por tanto a tomar Berlín, lo que provocará la cólera de Churchill y la alegría de Stalin.

10.04 horas. 405 fortalezas volantes bombardean Berlín durante una hora y media, lanzando 1.000 toneladas de bombas explosivas e incendiarias. Hay de nuevo cientos de muertos y desaparecidos, y miles de personas se quedan sin hogar.

Hacia el mediodía. En Ochsenfurt, en la Baja Franconia, un centenar de mujeres se manifiestan delante del edificio del responsable nazi local contra el cierre de la barrera antitanque que impide el acceso a la ciudad y al puente sobre el Meno. Los blindados de Patton están a unos kilómetros y la población teme combates destructores. Es la primera manifestación de ese tipo, que recuerda a todo el mundo los acontecimientos del otoño de 1918 y contradice el concepto de «guerra popular» hasta la última gota de sangre. Al día siguiente, Goebbels consignará con consternación que la misma escena se ha producido en Siegburg.

Durante la tarde. Después de un nuevo altercado, Hitler destituye a Guderian y lo reemplaza al mando del Estado Mayor del Ejército de Tierra por el general Krebs, de quien se repite hasta la saciedad que «es conocido por ser el hombre a quien Stalin abrazó con un afecto ostentoso en la estación de Moscú [en los tiempos de la alianza germano-soviética]. Se le tiene por rusófilo»[37]. En realidad, Krebs es un hombre sin gran envergadura, que nunca osará llevar la contraria a su Führer.

Mediante decreto secreto, Hitler ordena la constitución de un cuerpo franco Adolf Hitler. Bajo el mando del promotor de la idea, el ministro de Trabajo, Robert Ley, reunirá a 3.000 funcionarios y «activistas» del partido nazi y de la Volkssturm, equipados con *panzerfausts* y bicicletas.

Funcionarios y activistas del partido nazi y de la Volkssturm, equipados con bicicletas y *panzerfausts* (lanzagranadas antitanques), formaron numerosas unidades que hicieron frente al Ejército Rojo.

Goebbels recibe del SD, el servicio de información de las SS, un informe edificante —el último— sobre la moral de la población:

> [...] 2) Nadie cree ya que venceremos. El último atisbo de esperanza se ha apagado. 3) Si perdemos la guerra, somos responsables de ello según la opinión general, no la gente corriente, sino la dirección del país. 4) El pueblo no tiene ya confianza en la dirección. Critica con dureza al Partido, a algunos dirigentes y la propaganda. 5) El Führer es para millones de personas el último apoyo y la última esperanza, pero él también está cada día más implicado en la cuestión de confianza y en las críticas. 6) Las dudas sobre la continuación de la lucha minan el compromiso, la confianza en uno mismo y en los demás.

En una calle cualquiera, los agentes del SD recogen esta frase que resume brutalmente la política de Hitler: «Estos estúpidos combatirán hasta el último niño de pecho»[38].

Jueves, 29 de marzo

El 3.er Ejército estadounidense toma Fráncfort e informa de que ha hecho ya 140.000 prisioneros. El burgomaestre de Mannheim comunica por teléfono a los norteamericanos la capitulación de su ciudad. En su diario, Goebbels anuncia que va a hacer que se difunda el horóscopo del Führer —que promete una mejora de la situación para la segunda quincena de abril— por la vía del rumor. «En momentos tan críticos, la mayoría de la gente se agarra a la más pequeña tabla de salvación»[39], escribe cínicamente.

Viernes, 30 de marzo

Mediodía. Mientras las tropas de Rokossovski toman Dantzig y cae la fortaleza de Küstrin, en el Oder, Hitler convoca a Goebbels a su presencia. Le anuncia que traslada su discurso histórico hasta más tarde. Espera que entren en acción los 160 batallones «impecablemente armados» que ha enviado al Frente Occidental y que solo existen sobre el papel. En realidad, la timidez del Führer ante el micrófono se explica por las críticas negativas que aparecieron entre la población con ocasión del último discurso, el 30 de enero. En resumen: ¿para qué hablar si no hay nada nuevo? Goebbels nunca había visto a su jefe tan agotado y agitado por temblores violentos.

Sábado, 31 de marzo

05.00 horas. El 1.er Ejército francés de Lattre de Tassigny cruza el Rin por Spire y Germersheim y se pone en marcha hacia Karlsruhe. En una semana, toda la defensa occidental del Reich se ha hundido. Ochenta divisiones aliadas emprenden una cabalgada que ya nada detendrá. Cada día de marzo han caído cautivos 10.000 soldados alemanes, signo precursor de la desintegración final de la Wehrmacht en el oeste.

Durante la mañana. Varios centenares de personas saquean en la estación de Kassel un tren de alimentos destinados a la Wehrmacht. La mayoría son habitantes de la ciudad, pero también hay entre ellos reclusos militares italianos, agotados y desnutridos, a los que se utiliza en tareas de retirada de minas. El jefe de seguridad de Kassel, el SS Marmon, envía un comando de diez hombres a la estación. Los italianos son cacheados y 78 están en posesión de alimentos. Por teléfono, Marmon ordena su ejecución. Todos son fusilados por la espalda y sus cuerpos arrojados a un cráter de bomba.

Durante la tarde. En el balance de situación, Hitler llama por teléfono a todos los jefes de Ejército destinados en el oeste y les conmina a restablecer una línea de resistencia «en cualquier parte». A semejanza de sus generales, se siente impotente ante el hundimiento del Frente Occidental.

Páginas de la Historia

1918 y 1945: Finales de guerras en el espejo

Adolf Hitler quedó profundamente marcado por la Primera Guerra Mundial. El desenlace de ese conflicto fue el elemento determinante de su existencia: lo llenó de una profunda amargura, lo lanzó a la política, lo sacó del atolladero social en el que zozobraba, y le hizo ver quienes eran, a su juicio, los enemigos a muerte de Alemania. Hacía referencia a la guerra de manera constante, en sus reuniones públicas y privadas, en sus discursos y sus escritos. Sus últimas líneas, el testamento político dictado doce horas antes de su muerte, comienzan así: «Desde que en 1914 ofrecí, como voluntario, mis pobres fuerzas al servicio del Reich obligado a una guerra mundial…».

Todo lo que hay que vigilar, temer, erradicar en 1945 se encuentra en el cuadro del año 1918 tal como lo traza Hitler y, con él, la totalidad de los mandos superiores de la Wehrmacht y de las élites conservadoras alemanas. Este cuadro es el de la «leyenda de la puñalada por la espalda», que ha estudiado en Francia Pierre Jardin[40]. Su contenido puede resumirse así: en el momento en que, en el Frente Occidental, el Ejército alemán pasa por un periodo difícil pero aún puede ganar la guerra, en el interior del país la revolución derriba la monarquía y la sustituye por un Gobierno demócrata y marxista, sometido a los judíos, que depone las armas ante los Aliados.

El Ejército fue traicionado por la espalda, antes de ser infectado a su vez por la subversión: deserciones, capturas voluntarias, sublevaciones, odio a los oficiales, consejos de soldados, etc. En el vocabulario hitleriano, es el «crimen de noviembre de 1918» la causa principal de la derrota[41] y de la humillación sancionadas en Versalles en 1919. Hitler pretende impedir que se repita en 1945 esa traición imaginaria. La misma voluntad de «no volver a ver 1918» obliga a los jefes de la Wehrmacht a permanecer en el barco del Führer hasta el naufragio final.

La utopía central del nazismo fue la creación de una comunidad popular y racial *(Volks-gemeinschaft),* homogénea biológica e ideológicamente, y solidaria socialmente. A partir de 1933, Hitler estuvo empeñado en extirpar todos los «gérmenes de disolución» de esa comunidad: judíos, asociales, demócratas, marxistas, pacifistas, cristianos militantes... Para él, esas categorías se convertirían, en caso de una nueva guerra, en «criminales de noviembre».

En 1945, el régimen nazi reactivó la caza de todos aquellos que pudieran propugnar la revolución o, simplemente, el final de la guerra. Entre ellos encontramos algunas de las categorías anteriores, además de otras, aportadas por la guerra en territorio alemán: los judíos supervivientes, los restos del movimiento obrero, los círculos conservadores del Ejército y la Administración, los siete millones de trabajadores extranjeros presentes en el territorio del Reich, los cientos de miles de deportados políticos, los cuatro millones de prisioneros de guerra, sobre todo soviéticos. Esos no podían esperar ninguna piedad. También había que asegurarse de que los propios miembros de la comunidad popular no cayeran presa del desánimo y de la aspiración a una paz a cualquier precio. El partido nazi y sus múltiples ramificaciones, las policías, la propaganda, los tribunales de excepción, velaban por ello. Por último, el cuerpo de oficiales se encargó de reprimir con dureza toda indisciplina en la tropa y de mantener por todos los medios el espíritu combativo.

Pero, a juicio de Hitler, esto no bastará para evitar el retorno de un nuevo noviembre de 1918. El jefe del Estado y del Ejército también había tenido un desliz al manifestar al enemigo su voluntad de compromiso. En el lado de los militares, hacía tiempo que Hitler había apartado de su entorno a todo oficial potencialmente capaz de alzarse contra él; nunca permitirá que ningún «pantalón con bandas rojas»[42] se inmiscuya en la gran estrategia o la política; asegurará en solitario, hasta el final, la dirección efectiva de la guerra, controlándolo todo hasta el nivel operativo e incluso a veces táctico.

Ante todo, Hitler procurará no ser Guillermo II. A la indecisión del Hohenzollern opone su implacable voluntad. El culto desmesurado a la voluntad es un rasgo que Hitler comparte con cierta tradición alemana. O, más exactamente, la idea de que la guerra es un choque de voluntades. En la línea de Clausewitz[43] y de Ludendorff, pone el factor moral en lo más alto de la escala de los poderes y los valores. Así se lo explica con absoluta claridad a la treintena de generales a los que convoca en el cuartel general de Ziegenberg, en vísperas de la ofensiva de las Ardenas:

> La guerra no se decidirá completamente hasta que uno de los bandos reconozca que no puede ganarla. Llevar al

enemigo a ese punto es nuestra tarea más importante. La manera más rápida de llegar a él es la destrucción de sus fuerzas vivas, mediante la ocupación de su territorio. Pero, aunque uno se encuentre obligado a la defensiva, de vez en cuando tiene que hacer comprender al adversario, mediante ataques imprevistos, que a pesar de todo no ha ganado nada, que la guerra continúa sin descanso. No menos importante es reforzar el efecto de esos momentos psicológicos [...] dejando claro al enemigo que, haga lo que haga, no podrá contar nunca con una capitulación, ¡nunca[44]!

A partir del verano de 1944, Hitler no deja de repetir que aquel de los beligerantes que aguante «hasta cinco minutos después de la medianoche», de ese será la victoria. La Alemania de Guillermo II había implorado clemencia «cinco minutos antes de la medianoche». *Mientras él viva,* no se podrá pensar en ninguna capitulación. No habrá ningún compromiso, será todo o nada; *Sieg oder Untergang,* «victoria o desaparición»; *Sein oder Nichtsein,* «existencia o no existencia» del pueblo alemán. Junto al «¡nunca más 1918!», estas dos frases —pintadas en los muros de las ciudades en ruinas por activistas del partido y del Ejército— son sin duda las que más repitió en los tres últimos meses de su existencia. Hacen las veces de último credo, calculado, repetido una y otra vez, desarrollado por todos los responsables del régimen, civiles y militares, desde Berlín hasta la más humilde ciudad del país.

Este credo representa una auténtica perversión de la razón política y de su hija, la razón militar. Al establecer la voluntad y la lucha a ultranza como elementos clave de la victoria, aniquilaba la noción de relación objetiva de las fuerzas y la naturaleza misma de la guerra como instrumento acordado con fines políticos. Lo más extraordinario es que le siguieran en este punto sus generales, que se jactaban de ser profesionales de la guerra. Así, el 23 de julio de 1945, cuando ya estaba en cautividad, Dönitz seguía declarando:

> En esta guerra [...] nadie ha muerto de hambre. Cada cual ha recibido lo que le correspondía. [...] No hay mercado negro. En 1914-1918 había aprovechados por todas partes. [...] Los organismos del Estado encargados de la alimentación eran empresas con ánimo de lucro judías. [...] Había un ambiente de sabotaje, los soldados saqueaban y no saludaban correctamente, todo estaba invadido por los aprovechados y los judíos[45].

Todo está ahí, en unas líneas: Hitler ha sabido defender la retaguardia, especialmente eliminando a los judíos, y se nos ha ahorrado el horror de 1918. El trauma de 1918 seguía actuando cuando Alemania estaba, en 1945, en el fondo de un abismo al lado del cual el de 1918 parecía una humilde rodada.

Los dos últimos faroles: el reducto alpino y el «hombre lobo»

Dos iniciativas nazis, cumplidamente divulgadas, preocuparon sobremanera a los Aliados en los últimos meses del conflicto. Pero solo se trataba de intentos de última hora para prolongar la guerra, emprendidos con tan pocos medios y en el marco de tal caos que surtieron más efecto en la percepción de los Aliados, sobre todo los estadounidenses, que sobre el terreno.

El movimiento del Werwolf —«hombre lobo»— nació en septiembre de 1944 en el seno de las SS y dependía directamente de Himmler a través de una «oficina Prützmann», por el nombre del general de las SS encargado de organizarla. Prützmann debía reflexionar sobre los diferentes medios no convencionales de molestar a los Aliados en su aproximación al Reich. La mayor parte de su actividad consistió en organizar un movimiento de guerrilla encargado de hostigar la retaguardia enemiga y, en primer lugar, la de los soviéticos. Se dejaron en la retaguardia equipos de especialistas en sabotaje —del orden de 5.000 a 6.000 hombres como máximo—, explosivos y emisoras de radio, ocultos en escondites subterráneos. El reclutamiento se hizo en el seno de las SS, de la Wehrmacht y, sobre todo, de las Juventudes

La Werwolf fue la guerrilla nazi que actuaba contra los Aliados. Estaba integrada principalmente por voluntarios de las Juventudes Hitlerianas y de las SS.

Hitlerianas, a cuyos miembros los seducía el romanticismo nocturno asociado a este tipo de acción.

Las acciones de sabotaje de las unidades del Werwolf apenas alcanzaron repercusiones reseñables. Solo tuvieron éxito contra objetivos poco o nada vigilados, como los depósitos de objetos de arte que cayeron en manos de los Aliados. Por ejemplo, un grupo de las Juventudes Hitlerianas destruyó inmensos tesoros culturales en los subterráneos de la torre de la defensa antiaérea de Friedrichshain, en Berlín, la noche del 2 al 3 de mayo de 1945, y después, de nuevo, a mediados de mayo. ¡Los museos berlineses perdieron en esta acción más obras de arte que a causa de los bombardeos y los combates!

Más mortífero, en cambio, fue el programa de envenenamiento concebido por Prützmann. Inyecciones de metilo en existencias de alcohol abandonadas a propósito costaron la vida probablemente a cientos de soldados occidentales y soviéticos. En términos generales, las acciones de guerrilla del Werwolf fracasaron porque no se beneficiaron de ninguna prioridad en materia de armamento, reclutamiento y organización.

En marzo y en abril de 1945, Bormann y Goebbels también se interesaron por el Werwolf. Para ellos, ya no se trataba de organizar una guerrilla, sino de un movimiento político que llamase al pueblo a las armas, un instrumento de regeneración de un partido nazi en las últimas. Bajo su impulso, los grupos clandestinos se transformaron en escuadrones de la muerte encargados de asesinar a las personalidades alemanas dispuestas a colaborar con los Aliados. Los alcaldes de Krankenhagen, Kirchenlagen y Aquisgrán, nombrados por los norteamericanos, pagarán los platos rotos.

Los equipos de asesinos actuaron también en el territorio en poder del régimen para eliminar a los tibios y los traidores. En abril se elaboraron planes para transformar el Werwolf en una organización destinada a mantener la existencia del partido nazi bajo la ocupación. Todo se vendrá abajo con la firma de la capitulación, esencialmente a causa de la impopularidad del partido nazi y de las durísimas medidas de represión adoptadas por el ocupante.

En definitiva, el único éxito verdadero fue el de Goebbels, que, mediante la creación de Radio-Werwolf, logró hacer creer a los Aliados la persistencia duradera de una amenaza nazi. Las noticias difundidas por la emisora eran en su práctica totalidad inventadas por Goebbels y sus colaboradores. Se distinguían por su tonalidad revolucionaria antiburguesa y su exaltación de «lo joven». Con la difusión de consignas casi nihilistas, el llamamiento a campañas de pintadas y de rumores, Goebbels intentó provocar un levantamiento de la juventud. También en este caso todo se vino abajo con la ocupación de la emisora de Nauen, cerca de Berlín, por el Ejército Rojo el 22 de abril de 1945. La persistencia de una actividad terrorista hasta 1946 solo fue esporádica y de escasa intensidad.

El mito del reducto alpino es, por su parte, una auténtica autointoxicación, esencialmente estadounidense, que sin embargo tuvo importantes consecuencias militares. Nació de la conjunción de varias fuentes. En primer lugar, el ejemplo suizo, donde los planes de defensa se organizaban en torno a un «reducto nacional» basado en las facilidades defensivas del medio montañoso; los servicios secretos helvéticos transmitían a sus colegas norteamericanos, en este espíritu, todos los datos que recopilaban sobre los trabajos efectuados en los Alpes bávaros, sobre todo alrededor de Berchtesgaden. Por otro lado, las exageraciones de periodistas estadounidenses influyentes, que se hacían eco de la prensa suiza. Por último, las operaciones de intoxicación llevadas a cabo por los servicios secretos alemanes y después por la propaganda de Goebbels, que se daba el gusto de alimentar la histeria del reducto alpino. Al final, en el invierno de 1944-1945 proliferaron las visiones espantosas de un último Estado nazi centrado en Berchtesgaden, habitado por 200.000 miembros de las SS que disponían de fábricas de armamento y de campos de aviación excavados en la roca, así como de reservas de gas de combate y miles de rehenes. Ese microestado serviría de base para las operaciones del Werwolf y mantendría encendida la llama nacionalsocialista entre los alemanes a la espera de la fragmentación de la coalición aliada.

A mediados de marzo, esos rumores, convertidos en especulaciones y más tarde en análisis, llegaron a los Estados Mayores, a los generales Bradley y Eisenhower, donde encuentran una traducción militar. La existencia de este reducto es lo único que explicaría, a su juicio, que los alemanes enviaran sus mejores unidades al oeste de Hungría y mantuvieran seiscientos mil hombres en el norte de Italia. Sin ninguna duda, preparaban un repliegue general de sus fuerzas hacia Baviera, el Tirol y los Dolomitas. Pero no había nada que Eisenhower deseara menos que la prolongación de la guerra durante un año y las fuertes pérdidas que conllevaría la reducción del reducto alpino. Por tanto, desvió la marcha de sus ejércitos en dirección al centro y el sur de Alemania en vez de hacia Berlín, que abandonó el 28 de marzo mediante una carta dirigida directamente a Stalin.

En el lado alemán existían muchos planes —sobre todo declaraciones— relacionados con la organización de una defensa duradera en los Alpes. También fue allí donde se evacuó, en abril de 1945, a una parte de las administraciones civiles y militares, y allí donde el entorno del Hitler le presionó para que se refugiara. Pero, en realidad, el Reich no poseía ya los recursos necesarios para organizar la defensa de nada, menos aún en la montaña. El sistema de transporte estaba destruido, el combustible y las materias primas eran bienes escasos y, en la tropa y los mandos, la voluntad de luchar contra los occidentales había desaparecido en buena medida.

Abril de 1945

Día 29-Día 0
(1 de abril-30 de abril)

Domingo, 1 de abril

Durante la mañana. Elementos avanzados de los Ejércitos 1.º y 9.º de Estados Unidos entran en contacto cerca de Lippstadt. Su encuentro sella el cerco en «la bolsa del Ruhr» de la totalidad del Grupo de Ejércitos B, es decir, 400.000 hombres bajo el mando del mariscal de campo Model. No se puede hablar ya propiamente de Frente Occidental, sino de islotes de resistencia dispersos.

19.00 horas. La emisora de Radio-Werwolf instalada en Nauen celebra el domingo de Pascua difundiendo su primer llamamiento a la liquidación de los traidores y los derrotistas. Entre dos melodías de música popular, Horst Slesina, responsable de la emisora, emite amenazas nominativas e informaciones considerablemente exageradas —y las más de las veces inventadas— de sabotajes y actos de guerrilla cometidos tras las líneas aliadas. Martin Bormann, que nota que el partido flaquea, da a conocer esta orden del Führer:

> Los *Gauleiters, Kreisleiters*[1] y otros mandos políticos combaten en sus *Gaue* y en sus *Kreis,* vencen o mueren. Es un bastardo aquel que abandona su *Gau* atacado por el enemigo sin la orden expresa del Führer y aquel que no combate hasta su último aliento. Será considerado y tratado como desertor[2].

Martes, 3 de abril

Un decreto de Himmler ordena «ejecutar a todos los habitantes de sexo masculino [de más de catorce años] de las viviendas que enarbolen una bandera blanca. En ningún momento se debe dudar ante esta medida»[3].

Miércoles, 4 de abril

Durante la noche. Las últimas tropas alemanas salen de Hungría, con el Ejército Rojo pisándoles los talones. Viena solo está ya a ochenta kilómetros de los tanques del mariscal Tolbujin. En el marco de esta retirada, que no tarda en convertirse en desbandada, se producen una sucesión matanzas de deportados judíos destinados a diversos trabajos de organización de la defensa de la frontera o en fase de evacuación hacia Mauthausen. La voluntad de no sobrecargar este campo, ya superpoblado, parece ser la justificación de estos crímenes.

En cada caso, la decisión de asesinar tiene su origen en una orden de una autoridad nazi local (partido, Gestapo), unida a una iniciativa tomada sobre el terreno con más facilidad si cabe, ya que se trata de judíos. En Rechnitz, el 25 de marzo, 180 judíos húngaros son liquidados por orden del jefe local de la Gestapo. El 28 de marzo, otros 176 son masacrados por una tropa de las SS en el campo de Balf, al sur de Sopron. Al día siguiente, en el campo de Engerau —hoy Petržalka—, otro centenar es eliminado antes de la evacuación. El 7 de abril, una unidad de la Volkssturm asesinará en quince minutos a 250 judíos de una columna en marcha hacia el paso de Präbichl.

Al amanecer. Los últimos cuatrimotores británicos abandonan el cielo de Nordhausen, ciudad vinculada a la construcción de los cohetes V2. Dejan tras ellos seis personas muertas y 1.300 deportados.

Durante la mañana. Tras ese bombardeo, el SS Richard Baer ordena la evacuación de los treinta y seis campos del complejo de Dora-Mittelbau, en el Harz, del que es responsable después de haber sido el último comandante de Aus-

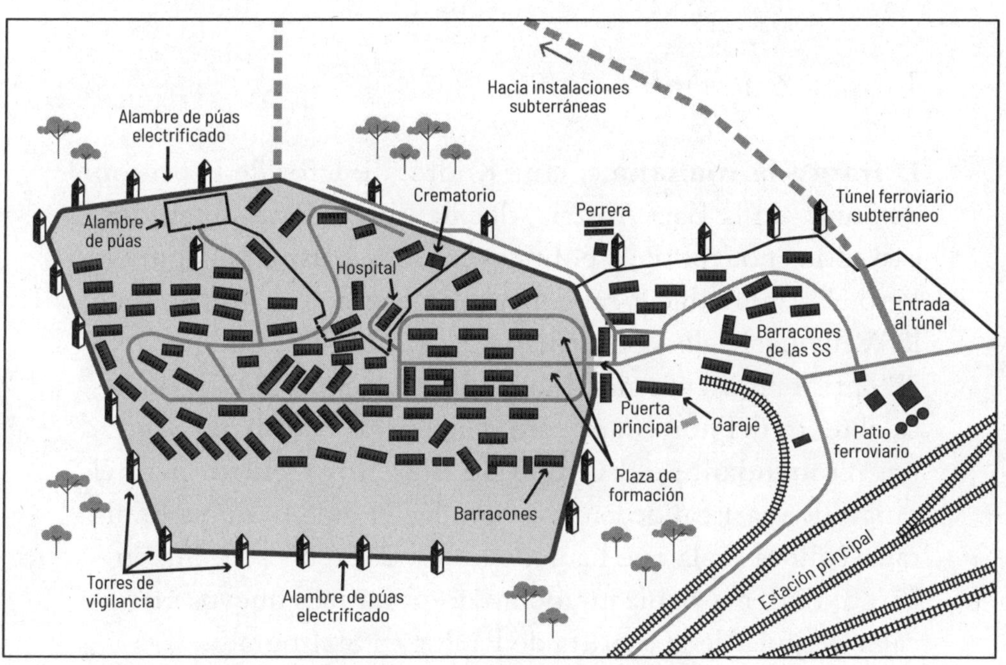

Mapa del complejo de campos de concentración de Dora-Mittelbau. Fueron evacuados tras el bombardeo británico de la localidad de Nordhausen, donde construían los V2.

chwitz. Para 23.700 deportados comienza un largo viaje en tren o a pie hacia los campos que aún son accesibles, Bergen-Belsen y Mauthausen, donde unos 12.000 dejarán la vida, sin contar los miles de enfermos abandonados a una muerte lenta en el campo de Boelcke.

Durante la noche. La Gestapo ejecuta a 149 detenidos en un bosque de Webicht, cerca de Weimar. En ningún caso estos prisioneros políticos debían caer en manos de las tropas estadounidenses, que estaban muy cerca: habrían podido servir para organizar el periodo posterior a Hitler o testificar contra sus verdugos.

Viernes, 6 de abril

Durante la mañana. Franz Kodré, director de la prisión de Stein, en la Baja Austria, decide liberar a sus detenidos, casi todos por motivos políticos, e incluso armar a algunos. Pero el responsable local del partido nazi reúne unidades de la Wehrmacht, la Volkssturm y la Waffen-SS, que matan a 229 prisioneros, además de a Kodré. La agencia DNB publica el texto del nombramiento del general Ferdinand Schörner, comandante del Grupo de Ejércitos Centro, para el rango de mariscal de campo, agradeciéndole la «inquebrantable solidez de la que ha dado muestras en el este». Sin embargo, Hitler se había jurado no nombrar más nuevos mariscales después de la captura de Paulus en Stalingrado.

A partir de las 13.00 horas. De los 50.000 deportados de Buchenwald, 28.000 dan comienzo a su marcha de la muerte hacia los campos de Flossenbürg y Dachau. Entre 13.000 y 15.000 perecerán a lo largo de los caminos. En cambio, los entre 12.000 y 15.000 detenidos judíos son evacuados en parte hacia Theresienstadt, donde Himmler ha decidido mantenerlos con vida con la esperanza de una negociación de última hora con los occidentales. El 11 de abril, los estadounidenses liberarán a unos 20.000 detenidos a los que habían dejado en el campo. Muchos invadirán la muy cercana ciudad de Weimar, sin cometer allí más que algunos hurtos. Sobre la base de un informe que habla de atrocidades contra la población civil, Hitler será presa de una rabieta mayúscula y reprochará a Himmler que no haya ejecutado su orden de no dejar que ningún deportado caiga vivo en manos de los Aliados. Asustado, Himmler se apresurará a recordar la voluntad del Führer a los comandantes de los últimos campos de concentración.

Sábado, 7 de abril

Durante la mañana. Por encima de Luneburgo, 183 aviones, pilotados en su mayoría por voluntarios que acaban de salir de las escuelas, intentan incordiar a una escuadrilla de la octava fuerza aérea estadounidense. La Operación Werwolf —último ataque en gran escala de la Luftwaffe en el oeste— es un fiasco: por 23 cuatrimotores abatidos, se pierden 133 aviones alemanes y mueren 70 pilotos.

Durante la noche. Goebbels manda decapitar a un hombre y una mujer arrestados esa misma mañana en Berlín-Rahnsdorf, donde, por primera vez en la guerra, una multitud de doscientas personas ha atacado y saqueado dos panaderías.

Lunes, 9 de abril

Durante el colapso, el régimen liquida más que nunca a sus enemigos interiores. El opositor Hans von Dohnányi es ahorcado en el campo de Sachsenhausen. En el campo de Flossenbürg, el almirante Wilhelm Canaris, que había librado una lucha sorda contra Hitler en el seno de los servicios secretos, también es ejecutado en compañía del pastor Dietrich Bonhoeffer. En Dachau, el carpintero Georg Elser, autor del atentado fallido contra Hitler en Múnich en 1939, es asesinado con una bala en la nuca. El coronel Hans Oster, del grupo de la Abwehr, es ahorcado. En los cuadernos del doctor Morell se lee:

> Desde hace unos diez días, el Führer no ha salido ni una sola vez del búnker. Sube al piso de arriba solamente para comer, una vez al día. El gran balance de situación se celebra desde hace tiempo dentro del búnker (por razones de seguridad). Esta mañana, el balance de situación no terminó hasta las 5.30; ¡té para terminar!

Después de la cena. En el búnker, Martin Bormann pasa dos horas con Hitler en compañía de Jodl, el general Winter y el *Gauleiter* del Tirol, Franz Hofer. No cabe duda de que se ha hablado del reducto alpino, del que además Hofer será nombrado comisario para la defensa el 29 de abril siguiente.

Martes, 10 de abril

01.00 horas. El fuego cesa en Königsberg tras la capitulación del general Lasch ante las fuerzas del mariscal Vasilevski. Unos 30.000 hombres parten hacia un cautiverio que, para muchos, durará diez años. Los soviéticos cifran en 25.000 el número de civiles y en 42.000 el de soldados alemanes que han muerto. La ciudad de Kant y de los reyes de Prusia no es más que un montón de ruinas después de cuatro días de combates en las calles y de los bombardeos de 5.000 cañones y 2.400 aviones. Presa de una rabieta violenta, Hitler ordena que se condene a muerte a Lasch por rebeldía y se meta en la cárcel a sus familiares[4]. El 9.º Ejército de Estados Unidos toma Essen y Hannover. La mayoría de las ciudades se rinden sin combate o después de oponer una débil resistencia.

En los cuadernos de Morell: «El Führer ha dormido de las 07.30 a las 14.00 horas. El balance de situación ha durado hasta las 06.00 horas y a continuación el té hasta las 07.00 horas...».

Poco después de la medianoche. En Schandelah, cerca de Brunswick, una compañía de las Juventudes Hitlerianas fusila al alcalde y a un médico a quienes acusan de haber abierto una barrera antitanque para las tropas norteamericanas. En Brettheim, por haber desarmado a un grupo de las Juventudes Hitlerianas que quería defender el pueblo, se pasa por las armas a un campesino junto con el alcalde y el responsable nazi, que se habían negado a firmar su condena a muerte[5].

Jueves, 12 de abril

13.15 horas, hora local. El presidente Roosevelt muere a causa de una hemorragia cerebral masiva en su propiedad de Warm Springs, en Georgia. La noticia llega por la noche al búnker, donde provoca una crisis de histeria colectiva. Todos los presentes felicitan a un Hitler que, a pesar de un primer gesto de alegría, es sin duda el único que no se deja engañar: el fallecimiento de Roosevelt les parece una señal del destino, un punto de inflexión de la guerra, análogo a la desaparición de la zarina Isabel de Rusia el día de Navidad de 1761. Su sucesor, el zar Pedro III, firmó inmediatamente la paz con Federico II de Prusia cuando este se encontraba con el agua al cuello. Durante unos días, el estado de ánimo alrededor de Hitler vuelve a subir al máximo a la espera de un «segundo milagro de la casa de Brandemburgo».

El grueso de la burocracia ministerial abandona Berlín rumbo a Garmisch-Partenkirchen, en los Alpes, a bordo de varios trenes especiales.

Durante la noche. En Winsheim, entre 200 y 300 mujeres y niños se manifiestan para exigir al comandante de la plaza que no defienda la ciudad y la emprenden físicamente contra oficiales y suboficiales. Una de las manifestantes será arrestada y liquidada al día siguiente por la Gestapo de Núremberg. Cerca del cadáver, este letrero: «Una traidora ha sido juzgada»[6].

Kesselring pasa parte de la noche con Hitler y Martin Bormann hablando de la situación en el oeste. En realidad, ya no ejerce ninguna influencia en sus unidades, en plena desbandada, y se contenta con dejar constancia del avance norteamericano y británico. Los islotes de resistencia parten esencialmente de iniciativas locales. Sin embargo, como escribe Von Below, Kesselring, que ha llegado abatido, se va aparentemente optimista: «Hitler siempre sabía infundir ánimos a sus hombres y hacerles avanzar a todos, incluso en las situaciones más sombrías»[7].

Himmler por las SS, Keitel por la Wehrmacht y Bormann por el partido emiten, con el consentimiento de Hitler, una orden que provocará muerte y destrucción en decenas de localidades alemanas durante los últimos combates:

> Las ciudades son nudos de comunicaciones importantes. Por tanto, deben ser defendidas y mantenidas hasta el último extremo, sin tener en cuenta las amenazas o las promesas que hagan los parlamentarios o los programas de radio del enemigo. En cada ciudad, el comandante de la plaza es responsable del cumplimiento de esta orden. Toda persona [que se oponga al cumplimiento de su misión, incluidos los funcionarios civiles] será condenada a muerte[8].

Entre veinte y veinticinco deportados que han escapado de una marcha de la muerte son capturados de nuevo y asesinados en una cantera de Grosslöbichau, en Turingia, por un comando de la Volkssturm que actúa por su propia iniciativa.

Viernes, 13 de abril

A partir de las 06.30. Un grupo integrado por ochenta elementos de las SS, soldados, miembros de la Volkssturm y de las Juventudes Hitlerianas, exdetenidos por delitos comunes y policías comienzan a lanzar granadas incendiarias contra un amplio barracón situado en Gardelegen, en la Alta Sajonia. En el interior se hacinan entre 1.050 y 1.100 deportados, agotados y aterrorizados después de una sangrienta marcha de la muerte que los ha llevado hasta allí desde diversos campos. Se ha rociado previamente el suelo con gasolina. Presas del pánico por el incendio que se propaga, los detenidos fuerzan la puerta, pero son abatidos con ametralladoras. Un montón de cuerpos no tarda en taponar la única salida. Los guardias alimentan el incendio durante tres horas con la ayuda de un lanzallamas y disparos de *panzerfausts*. Los norteamericanos, que llegarán cuatro días más tarde, contarán 1.016 cuerpos carbonizados. Gerhard Thiele, el responsable del partido nazi de Gardelegen que ordenó la matanza, morirá en su cama en 1994.

Durante la mañana. La 95.º División de Infantería toma la última ciudad del Ruhr, Dortmund, después de un breve combate. Al día siguiente, las tropas estadounidenses descubren varias fosas comunes a las que se han arrojado los cadáveres de entre 230 y 300 detenidos asesinados por la Gestapo en marzo y abril, sobre todo trabajadores extranjeros y resistentes comunistas.

14.00 horas. Las tropas soviéticas toman el control de Viena, en la parte situada al sur del Danubio, después de cinco días de combates. Aunque el comandante de la plaza, el general Rudolf von Bünau, aristócrata de rancio abolengo, quiere luchar hasta el final, son los oficiales de las SS, con Sepp Dietrich en primera fila, los que hacen retroceder a sus tropas al norte del río con el fin de evitar la destrucción de la ciudad y salir a toda velocidad en dirección al oeste. Una vez más, las SS se muestran menos decididas que la Wehrmacht a la lucha a muerte.

Sábado, 14 de abril

22.16 horas. 500 cuatrimotores Lancaster se lanzaron sobre Potsdam en el último ataque británico de la guerra contra una ciudad alemana. El centro histórico es destruido y mueren 1.593 habitantes.

Domingo, 15 de abril

Hacia el mediodía. Morell observa una parálisis del hombro izquierdo.

Durante la tarde. El 12.º Ejército del general Wenck liquida dos cabezas de puente de los estadounidenses al este del Elba, no lejos de Magdeburgo. Este éxito local induce a Hitler a depositar sus últimas esperanzas en este ejército, constituido de forma precipitada, al que considera una última reserva.

Hacia las 16.00 horas. El 63.º Regimiento Antitanques británico entra en el campo de concentración de Bergen-Belsen. Himmler ha aceptado, después de negociaciones, no evacuar a los detenidos que allí se encuentran, sin duda para hacer un gesto en dirección al sueco Bernadotte y a los Aliados. Los británicos descubren un infierno: 60.000 deportados —judíos en su gran mayoría— al límite de su resistencia, sin agua, sin alimentos, devastados por el tifus, en medio de 10.000 cuerpos en descomposición en el barro. En los días siguientes morirán 14.000 detenidos y otros

20.000, después. Las imágenes de los *bulldozers* empujando miles de cadáveres descarnados hacia las fosas comunes serán difundidas en el mundo entero y causarán una enorme conmoción.

Bulldozers empujando miles de cadáveres en el campo de Bergen-Belsen, al que llegaron los británicos el 15 de abril.

Después de la cena. A petición de Hitler, Bormann mantiene una larga conversación con Eva Braun, un responsable del SD y uno de los médicos del Führer, el doctor Stumpfegger. Sale a relucir el caso de Karl Brandt, excirujano del Führer caído en desgracia y cercano a Eva Braun. Hitler lo hará arrestar al día siguiente por alta traición y condenar a muerte el 19 de abril por haber preparado su huida hacia el oeste. Brandt se librará en medio de la confusión de los últimos días, pero acabará en la horca en Núremberg debido a sus experimentos con los deportados y su papel fundamental en las operaciones de eutanasia.

Un decreto de Hitler reorganiza el mando de las fuerzas armadas y de la Policía en caso de que, debido al empuje de los Ejércitos norteamericanos, el territorio del Reich quede partido en dos: el gran almirante Dönitz asumiría el mando supremo en el norte —si el Führer se encuentra en la parte sur—, y el mariscal Kesselring en el sur, si el Führer está en el norte. Sin embargo, ambos seguirían respondiendo plenamente ante Hitler, a quien continuarán pidiendo el beneplácito por radio[9].

Lunes, 16 de abril

04.00 horas. 30.000 cañones y 3.000 lanzacohetes soviéticos inician la preparación de artillería previa a la ofensiva final. Los berlineses se despiertan con el bramido sordo que llega del este. A las 04.20 horas, 143 reflectores de la defensa antiaérea se encienden, iluminando las alturas que dominan el valle del Oder. Después, desde Neuglietzen hasta Penzig, en doscientos kilómetros de frente, cerca de millón y medio de hombres del Primer Frente Bielorruso (mariscal Zhúkov) y el Primer Frente Ucraniano (mariscal Kóniev) se lanzan hacia delante, en dirección a Berlín. Cuentan con el apoyo de 5.000 tanques y cañones de asalto y de 6.000 aviones.

Frente a ellos están el 9.º Ejército (general Busse) y el 4.º Ejército de Panzers (general Gräser). El primero depende del Grupo de Ejércitos del Vístula, a las órdenes del general Heinrici, y el segundo, del Grupo de Ejércitos Centro, bajo el mando de Schörner. Esas fuerzas encargadas de defender los alrededores de Berlín cuentan con unos 500.000 hombres, incluidos todos los efectivos, y 900 tanques. Stalin ha encomendado a los mariscales Zhúkov y Kóniev la misma misión: llegar al «objetivo núm. 105», el Reichstag. La razón por la que el señor del Kremlin eligió la antigua Cámara de Diputados como objetivo supremo de la batalla y símbolo de la victoria sigue siendo desconocida. Si de lo que se trataba era de señalar un símbolo relevante del nazismo, la cancillería habría sido más conveniente. Que Stalin no eligiera ese punto se explica quizá porque no se esperaba que Hitler permaneciera en Berlín durante los combates. El «objetivo núm. 106», la cancillería, figuraba en segunda posición en la lista de Zhúkov y Kóniev.

19.00 horas. La Orquesta Filarmónica de Berlín comienza su último concierto de la guerra. Robert Heger, miembro del partido nazi, dirige a Beethoven (concierto para violín), Bruckner (octava sinfonía) y Wagner (final de *El crepúsculo de los dioses).* Hitler envía por telegrama su agradecimiento a Karl Holz, *Gauleiter* de Franconia, por su defensa «a ultranza» de Núremberg frente a las tropas estadounidenses. Holz perderá allí la vida cuatro días después. Unas horas más tarde, otro telegrama estigmatiza la cobardía del *Gauleiter* Joachim Eggeling (Halle-Merseburgo), que no ha defendido Halle, y lo expulsa del partido.

Martes, 17 de abril

Durante la mañana. Se publica una proclama de Hitler dirigida a los soldados del Frente Oriental:

> Por primera vez, nuestro mortal enemigo judeo-bolchevique ha pasado al ataque con todas sus fuerzas. Quiere aplastar Alemania y aniquilar a nuestro pueblo. Vosotros, soldados del Este, sabed [...] qué suerte les espera ante todo a las mujeres, las niñas y los niños alemanes. Mientras los hombres mayores y los niños serán asesinados, las mujeres y las niñas serán transformadas en putas de cuartel. El resto marchará hacia Siberia. [...] En este momento, todo el pueblo alemán os mira, mis combatientes del Este, y solo espera que, gracias a vuestra firmeza, vuestro fanatismo, [...] ahoguéis en su sangre el asalto bolchevique. En este instante en que el destino ha borrado de la tierra al criminal de guerra más grande de todos los tiempos [Roosevelt], se decidirá el punto de inflexión de esta guerra[10].

Mediodía. Ante la proximidad de las tropas estadounidenses, efectivos de las SS y hombres de la Volkssturm rocían con acetona un barracón del campo de Abtnaundorf y le prenden fuego con disparos de *panzerfausts*. Se queman vivos cien deportados enfermos de tifus[11].

Miércoles, 18 de abril

10.00 horas. El 9.º Ejército de Estados Unidos entra en Magdeburgo, a ciento cincuenta kilómetros de Berlín por la autopista. Por su parte, el 3.er Ejército del general Patton penetra en Checoslovaquia. El Primer Frente Bielorruso toma Wriezen y avanza por los alrededores de Müncheberg, a treinta kilómetros de Berlín.

Jueves, 19 de abril

Hacia el mediodía. El 1.er Ejército de Estados Unidos toma Leipzig. Los soldados son recibidos con flores y gritos de alegría. Como escribe el diario suizo *Neue Zürcher Zeitung,* «pero el entusiasmo de la población parece basarse menos en la liberación del yugo nazi que en el alivio de ver Leipzig tomada por los americanos y no por los rusos»[12].

Última hora de la tarde. Durante el balance de situación, para satisfacción de su entorno, Hitler plantea la posibilidad de no defender la capital y de ir a refugiarse a Berchtesgaden para impulsar la defensa del reducto alpino[13].

Durante la noche. Como cada víspera del cumpleaños del Führer desde 1933, Goebbels pronuncia un discurso en la radio. Su voz es fría, serena, seria, de una tonalidad casi religiosa. El contenido no ofrece nada original, sino una nueva inversión de la realidad que opone, por un lado, a Hitler, fuerza de paz, de progreso, de civilización, y, por otro, a las «potencias satánicas» que quieren destruir no solo Alemania, sino toda la humanidad civilizada. El discurso acaba con la invocación ritual: «Debe quedarnos lo que está y siempre ha estado para nosotros: ¡nuestro Hitler!». El periodista danés Jakob Kronika, destacado en Berlín, escribe en sus cuadernos:

¡El cumpleaños de Hitler! Esta vez es el último, dicen los berlineses. Durante años han gritado «¡Heil!». Ahora odian al hombre que se hace llamar su Führer. Lo odian, lo temen, sufren el desamparo y la muerte por amor hacia él. Pero no tienen ni la fuerza ni el valor para liberarse de su poder demoniaco. Desesperados y pasivos, esperan el último acto del drama[14].

Viernes, 20 de abril

01.00 horas. El entorno de Hitler se reúne en el búnker para felicitarle por su cincuenta y seis cumpleaños. Su mayordomo de las SS, Heinz Linge, es tradicionalmente el primero en hacerlo. De mala gana, con aire ausente, Hitler estrecha algunas manos y después, renunciando a toda efusión, entra en sus aposentos para el tradicional té nocturno. Su compañía es exclusivamente femenina: Eva Braun y dos o tres de sus secretarias. Hasta las seis de la mañana, Hitler pronuncia interminables monólogos políticos y juega con su perra Blondi, lo que despierta los celos de Eva, y a la hembra de pastor alemán le caen unas patadas por debajo de la mesa.

03.00 horas. Suena una larguísima señal de alarma que los berlineses no habían oído nunca: se han detectado tanques soviéticos en la periferia oriental de la ciudad.

Hacia las 08.00 horas. La fotógrafa estadounidense Margaret Bourke-White entra en el Ayuntamiento de Leipzig, ciudad que había sido liberada la víspera, y descubre los cadáveres de Kurt Lisso —miembro del partido y funcionario municipal—, su esposa y la hija de ambos. Los tres se han envenenado para no ver la derrota. Miles, incluso decenas de miles de alemanes se quitarán la vida entre enero y mayo de 1945, por desesperación, por vergüenza o por miedo a los excesos o a la justicia de los vencedores. En la pequeña ciudad mecklemburguesa de Teterow, 120 de sus habitantes se suicidarán en los primeros días de mayo de 1945. En Demmin, 1.000 personas —de 20.000 habitantes— se quitarán la vida, sobre todo ahogándose en el río Tollense.

Miles de alemanes se quitaron la vida entre enero y mayo de 1945 para no asistir a la derrota del Reich.

09.00 horas. El general Wilhelm Burgdorf, ayudante de campo del Führer para la Wehrmacht, pide a Linge que despierte al Führer «por el amor del cielo». A través de la puerta, oye el paso cansino y después la voz de Hitler: «¿Qué hay, Burgdorf?». Este le explica que las fuerzas de Kóniev han perforado todas las líneas de defensa entre Guben y Forst. A partir de ahora, Berlín está amenazado a la vez por el este —el Primer Frente Bielorruso de Zhúkov, que ha llegado por la autopista circular— y por el sur —el Primer Frente Ucraniano de Kóniev—. Hitler no responde a Burgdorf, sino a Linge: «No he dormido. Despiérteme una hora más tarde de lo previsto, a las 14 horas»[15].

13.00 horas. Los dos Estados Mayores que dirigen la guerra (OKW y OKH) abandonan para siempre, en una huida desordenada, su gigantesca base de Zossen: los tanques rusos están a unos kilómetros. El grueso de los servicios se dirige hacia los Alpes bávaros, donde se cree que se replegará Hitler.

14.00 horas. Hitler se levanta, come y después juega durante una hora con Wolf, su cachorro preferido de la camada que ha parido Blondi. Eva Braun, las secretarias Christa Schroeder y Johanna Wolf le hacen compañía. Por indicación de Morell, un colega inyecta al Führer vitaminas y un tónico cardiaco. Por la tarde, Eva Braun, de punta en blanco y siempre teatral, sale a practicar tiro con pistola, en compañía de las secretarias, en los jardines de la cancillería.

15.00 horas. En lo alto de la escalera del búnker, lindando con el jardín, Hitler recibe las felicitaciones de cumpleaños de una delegación de las SS, de oficiales del Ejército de Curlandia y de miembros de las Juventudes Hitlerianas de doce a dieciséis años. Con temblores en todo el lado izquierdo, estrecha la mano de todo el mundo, toca en la mejilla a los más jóvenes a los que envía a la muerte en las unidades antitanques. Después, cuando llega al final de la fila, exclama:

«¡La batalla de Berlín DEBE ganarse! ¡Heil!». Nadie responde al saludo, observa Artur Axmann, líder de las Juventudes Hitlerianas[16]. Media hora más tarde, Hitler baja de nuevo al búnker. No volverá a salir vivo al aire libre.

16.00 horas. Inmediatamente antes del balance de situación del mediodía, Hitler recibe las felicitaciones de cumpleaños de Himmler, Ribbentrop, Bormann, Göring, Dönitz, Keitel, Jodl y Speer. Varios testigos señalan que se muestra frío y distante con Himmler. Todos ellos, más otra media docena de personas, se agolpan después, de pie, apretados unos contra otros, en la sala de doce metros cuadrados, donde a duras penas se han desplegado los mapas. Como de costumbre, Krebs presenta la situación en el este y Jodl la del oeste. Krebs destaca que los tanques de Kóniev están a punto de cortar las carreteras que salen de Berlín por el sur. Si se quiere llegar a los Alpes, tiene que ser ahora. Pero Hitler se niega a huir: «¡¿Cómo podría alentar a las tropas al combate decisivo por Berlín si en ese mismo momento voy a ponerme a salvo?! [...] ¡Dejo al destino la tarea de decidir si muero en la capital o si vuelo en el último instante hacia el Obersalzberg!»[17].

Al término de la reunión, Göring, por una vez vestido de manera sobria —«como un general americano», se bromea con malicia a su espalda—, informa a Hitler que debe dirigirse con urgencia a Berchtesgaden para organizar allí el mando de la Luftwaffe. Hitler clava su mirada azul grisácea en los ojos del *Reichsmarschall,* no le pide ninguna explicación y le estrecha la mano sin decir palabra. Un convoy de camiones cargados de tesoros saqueados en toda Europa espera a Göring en la Potsdamer Platz. Los dos hombres no volverán a verse. El telefonista de servicio, Rochus Misch, anota en sus recuerdos:

> Las reuniones de situación llevaban un poco de vida a nuestro mundo subterráneo. Cuando terminaban, un ambiente sordo y muerto recobraba el protagonismo. Pensábamos en lo que pasaba allí arriba, mientras nosotros estábamos enterrados en un ataúd de hormigón. Un miedo insidioso y callado se cernía sobre todo el mundo. Era sencillamente fantasmal. Todos los que aún estaban allí murmuraban. Hasta las secretarias murmuraban. Yo no quería dejarme atrapar por ese ambiente y gritaba al teléfono, solo para que me devolviera un poco de vida[18].

21.30 horas. Suena la alerta aérea. Los Aliados festejan a su manera el cumpleaños de Hitler, y repiten a las 22.40, a las 23.40, a las 00.22 y las 01.21 horas: con este último sobrevuelo, las sirenas habrán bramado 389 veces desde 1939. Es la traca final: no habrá más ataques anglosajones contra la capital. Lo que le espera —los combates en las calles— será aún peor.

22.00 horas. Hitler ordena la salida inmediata rumbo a Baviera de los últimos servicios del partido y del Estado. Deja que se vaya también la mayor parte de su entorno personal, ayudantes de campo, médicos, jefes de prensa, taquígrafas, fotógrafo y dos de sus secretarias. A Christa Schroeder, que pide quedarse, Hitler le responde desvelando sus intenciones: «No, quiero fundar más tarde un movimiento de resistencia y la necesitaré. [...] Nos volveremos a ver pronto, iré dentro de unos días»[19]. ¿Se imagina entonces como De

Gaulle o como Tito al frente de un mini-Reich alpino? Pero a Keitel, que ha acudido a despedirse, le dice en un tono inapelable: «Sé lo que quiero: lucharé delante, dentro y detrás de Berlín»[20].

23.00 horas. Goebbels llega para instalarse en una dependencia del búnker, al otro lado del pasillo. Eva Braun, las secretarias Gerda Christian y Traudl Junge, la cocinera Manziarly, Julius Schaub, Heinz Lorenz —representante del jefe del servicio de prensa— y Nicolaus von Below alzan su copa de espumoso a la salud de Hitler, que no dice ni pío. Presionado para que diga si piensa en salir de Berlín, termina respondiendo: «No, no puedo. Tendría la impresión de ser un lama que mueve una rueda de plegaria vacía. Es necesario que tome la decisión aquí, en Berlín, o que me hunda»[21]. Es la primera vez que sus colaboradores le oyen decir que la guerra puede perderse y que no irá a refugiarse en el reducto alpino. Así pues, la afirmación que había hecho una hora antes a Christa Schroeder solo habría sido una excusa.

Hasta una hora avanzada. En su antigua habitación en la vieja cancillería, con sus amigos y todos los que ha podido reunir, Eva Braun festeja el cumpleaños del Führer. Beben champaña, bailan al son de un gramófono, ríen. Tal vez sea entonces cuando confiesa a Artur Axmann: «Tenía miedo de que los rusos cercaran Berlín. Vine porque quería estar al lado del Führer en ese momento, y moriré con él»[22].

Durante la noche. En el cuarto de calderas de la escuela de Bullenhuser Damm, en Hamburgo, un pelotón de las SS dirigido por el médico Kurt Heissmeyer ahorca a veinte niños judíos —niños y niñas de cinco a doce años, entre ellos la pequeña parisina Jacqueline Morgenstern— martirizados desde hacía meses con experimentos médicos. Los niños pesan tan poco que uno de los asesinos dirá: «Los hemos colgado como si fueran cuadros en una pared». Veintiocho acompañantes de los niños y prisioneros de guerra soviéticos sufren la misma suerte.

Sábado, 21 de abril

Poco antes del amanecer. Los deportados de Sachsenhausen, el campo que está más cerca de Berlín, emprenden su marcha de la muerte en dirección al noroeste: 6.000 perderán la vida en ella.

Durante la mañana. Caen sobre Berlín los primeros obuses soviéticos. En los once días siguientes, la capital recibirá 1,8 millones de obuses de todos los calibres.

09.30 horas. Despertado por Linge, Hitler entra apresuradamente, sin afeitar —un hecho excepcional en él—, en la sala de reuniones: «¿De dónde vienen esos disparos?». El general Burgdorf informa que Berlín está sometido al fuego de baterías pesadas. «¿Entonces los rusos están tan cerca?»[23], pregunta Hitler. Un poco más tarde, exige al general Koller, jefe de Estado Mayor de la Luftwaffe, que sus aviones ataquen los cañones soviéticos. Ante la impotencia del aviador, que ya no puede hacer despegar ningún aparato, Hitler grita al teléfono: «Entonces debería ahorcarse en el acto a toda la dirección de la Luftwaffe!»[24].

Mediodía. Durante el balance de situación, Keitel, Jodl y Bormann instan a Hitler a tomar un avión para ir a refugiarse en Berchtesgaden cuando todavía está a tiempo. Von Ribbentrop le ha planteado lo mismo un poco antes a Eva Braun, que lo ha rechazado. Toda la dirección del Reich, atrapada en Berlín por orden del Führer, ve cómo se reducen a cada hora que pasa sus posibilidades de escapar de los soviéticos.

14.00 horas. Durante el segundo estallido del día, Hitler despide definitivamente, con palabras hirientes, al doctor Morell, que lo trata desde 1937. Esa misma noche, Goebbels ocupará la habitación que le estaba destinada en el búnker. Según Morell, Hitler tuvo un ataque de paranoia. Cuando el médico quiso inyectarle cafeína, lo detuvo diciéndole que él no se dejaba engañar, que se trataba de morfina. «Dormido, los generales habrían podido raptarme y trasladarme a Berchtesgaden», le espeta con violencia. El episodio demuestra que la intención de Hitler era ante todo quedarse en Berlín.

16.00 horas. Durante el balance de situación, el estado de ánimo de Hitler mejora sensiblemente. Schörner, su general preferido, le comunica que ha contraatacado el flanco izquierdo de Kóniev al este de Bautzen. En realidad, se trata de un pinchazo de alfiler, pero es suficiente para animar al Führer. En medio de la reunión aparece el general Wenck, restablecido después de su accidente, a quien Hitler ha encomendado el mando de un nuevo ejército, el número 12. Wenck deja constancia de éxitos locales contra las tropas de Estados Unidos en el Elba y en el Harz.

En realidad, la situación de Berlín se agrava inexorablemente. En el norte, los tanques del mariscal Zhúkov comienzan a rodear la capital para caer sobre ella y cercarla. Como respuesta a esa amenaza, Hitler rebautiza pomposamente al Grupo de Ejércitos Steiner como III Cuerpo de las SS emplazado hacia Eberswalde, a sesenta kilómetros al noreste de Berlín, y a las 16.50 horas le da la orden de atacar en dirección a la metrópoli para dividir en dos las fuerzas de Zhúkov. El despacho concluye así:

Los tanques soviéticos del mariscal Zhúkov entraron en la ciudad desde el barrio de Niederschönhausen, al norte, para recorrer después todas las calles.

> El retroceso hacia el oeste les está prohibido a todas las tropas. Los oficiales que no cumplan esta orden sin condiciones serán arrestados y fusilados en el acto. Usted responde personalmente con su cabeza del cumplimiento de esta orden. Del éxito de su misión depende el destino de la capital del Reich.

El otro problema al que debe hacer frente el general Heinrici, comandante del Grupo de Ejércitos del Vístula, está localizado al este y al sureste de Berlín, donde el 9.º Ejército del general Busse no tiene escapatoria entre las fuerzas de Zhúkov y las de Kóniev. Heinrici pide permiso a Hitler para que este ejército retroceda hacia el oeste. Negativa. Grupo de Steiner, 12.º Ejército de Wenck, 9.º Ejército de Busse… Estos restos de formaciones, asaltados desde todas partes, privados de aviación y de combustible, agitarán el espíritu de Hitler y alimentarán sus esperanzas hasta el final. Schörner relata así la reunión:

> Hitler estaba muy enfermo y muy deprimido por los acontecimientos. Su cara estaba pálida e hinchada, su voz era muy débil. Me ha pedido mi evaluación de la situación. Le he transmitido parte de mis temores en relación con los flancos de mis ejércitos. […] He propuesto un retroceso (en Moravia) y he pedido permiso para entregar Breslavia. Le he explicado que la situación de mi Grupo de Ejércitos empeoraba día a día, que la moral se había hundido y que los hombres no soportaban la idea de una amenaza de cerco. Hitler me ha respondido categóricamente: «¡Resista en el frente! Mantener entre nuestras manos las capacidades económicas de Checoslovaquia es indispensable para la resistencia del reducto alpino. […] Breslavia debe seguir resistiendo para inmovilizar a las fuerzas rusas»[25].

Hacia las 17.00 horas. En un pequeño bosque al sur de Duisburgo, el mariscal de campo Model se dispara una bala en la sien. Muere de este modo el militar de más talento de Hitler, sin duda para escapar de la horca, diez veces merecida por los crímenes cometidos en la Unión Soviética. No ha capitulado, sino que se ha limitado a disolver su Grupo de Ejércitos B y a liberar a sus hombres de toda obligación con respecto a él. La resistencia en la bolsa del Ruhr ha cesado ya, después de quince días de asaltos conjuntos de las tropas británicas, canadienses y estadounidenses. Hay 325.000 prisioneros (700.000 desde el 15 de marzo), hacinados en trece campos improvisados. La mayoría de las ciudades de la cuenca industrial han negociado su rendición a pesar de la orden en contrario de Hitler.

Durante la noche. Hitler llama una vez más al general Koller para pedirle que ceda la mayor cantidad que pueda de tropas y aviones al grupo de Steiner. Antes de colgar, le suelta: «Mire, el ruso va a sufrir la derrota más grande, la más sangrienta de su historia a las puertas de Berlín». En el campo de Neuengamme, 71 detenidos políticos —entre ellos la actriz alemana Hanne Mertens, culpable de haber entonado un canto antinazi— son desnudados, colocados en filas y ahorcados en grupos de seis.

Himmler se entrevista con el representante del Congreso Judío Mundial, Norbert Masur, en Hartzwalde, cerca de Berlín. Después de la conversación, 1.000 mujeres judías serán liberadas de Ravensbrück. Ante el asombro de su interlocutor, el *Reichsführer*-SS niega el exterminio de los judíos y expone toda una serie de mentiras y argumentos absurdos, los mismos que siguen sirviendo a los revisionistas.

Domingo, 22 de abril

Al amanecer. Las tropas de Zhúkov penetran en el barrio de Niederschönhausen, a diez kilómetros en línea recta de la cancillería.

09.00 horas. A Hitler lo despiertan las ráfagas de obús de gran calibre disparadas por los soviéticos.

Durante la mañana. Se publica un decreto[26] del Führer relativo a la defensa de Berlín:

> ¡Aquel que propague o apruebe una medida que debilite nuestra capacidad de resistencia es un traidor! ¡Debe ser fusilado o ahorcado en el acto! Esta orden también es válida cuando la medida se presente como procedente supuestamente del *Gauleiter* y ministro Dr. Goebbels o del Führer.

Difundida en octavillas entre los defensores y la población, esta orden servirá de base para cientos de ejecuciones salvajes en las calles de la capital.

Mediodía. Se celebra el balance de situación. Asisten Jodl, Keitel, Schörner, Krebs, Burgdorf y Bormann. Nicolaus von Below, ayudante de campo para la Luftwaffe, refleja en sus memorias el tono de la sesión:

> Los informes de los comandantes de los ejércitos que luchaban alrededor de Berlín se contradecían. Daba la impresión de que cada uno combatía por su cuenta y que ya no era posible ninguna clase de resistencia coordinada. El general Krebs no lograba evitar las contradicciones. No estaba claro si este desarrollo era por efectos de la enorme superioridad de los rusos o del hundimiento de nuestra capacidad para conducir la guerra[27].

Según Otto Günsche, su ayudante de campo de las SS, Hitler se alzó de improviso por encima de la mesa de mapas, con los ojos desorbitados, agitando los puños cerrados delante de él, y gritó: «¡Todo ha terminado! ¡Pero están equivocados, señores, si creen que me voy a ir de Berlín! ¡Antes me disparo una bala en la cabeza!». Otro testigo, Julius Schaub, le oyó decir: «La guerra está perdida... Mis generales me han mentido y me han traicionado. [...] Y que quede claro, señores, ya no creo en la liberación de Berlín». Y desapareció en sus aposentos. Esta crisis de desánimo tiene sin duda su explicación en la llamada telefónica que recibió del general Koller, poco antes de la reunión, en la que le anunció que el grupo de Steiner había decidido no atacar, en contra de las órdenes impartidas *en persona* por el Führer. El hecho de que quien le fallara hasta ese punto fuera un general de las SS hizo más pesado el golpe para Hitler.

12.30 horas. Llega Goebbels, convocado por teléfono. Se encierra durante diez minutos con Hitler. Cuando vuelve, todos los participantes lo acosan a preguntas y hablan de hacer desdecirse al Führer de sus dos decisiones, la de quedarse en Berlín y la de suicidarse. Goebbels es el único que manifiesta su aprobación y que declara que imitará al Führer, la mejor manera de convertirse en héroe y mártir para la eternidad. Durante la tarde, para demostrar que va en serio, llama a su mujer y le pide que se mude con sus seis hijos al «antebúnker». Bormann, que es quien prepara desde hace semanas el repliegue de Hitler a Berchtesgaden, está aterrado.

13.30 horas. Hitler vuelve a la sala de reuniones. Se ha calmado. «De todos, él era quien siempre dominaba mejor sus nervios»[28], escribirá Gerhard Herrgesell, uno de sus taquígrafos. En presencia de Keitel, Jodl e incluso Bormann, que le recriminan que haya cambiado de ese modo de planes y que se deje encerrar en una ratonera, repite con calma: «Considero que la lucha está perdida». Pero añade: «He decidido quedarme en la capital de la lucha contra el bolchevismo y dirigir personalmente la defensa de la ciudad».

Ese momento es trascendental. Esa decisión de Hitler, y solo ella, provocará la batalla de Berlín, diez días de terribles combates en las calles. Ningún jefe militar habría tomado la decisión de combatir en una metrópoli que está siendo cercada y en la que aún se escondían 2,3 millones de civiles. Además, los ejércitos del Oder se replegaban hacia el oeste evitando con cuidado la capital, el 3.er Ejército de Panzers al norte, la mayor parte del noveno al sur. El 56.º Cuerpo de Panzers del general Weidling era el único que tenía la obligación de retroceder hasta el perímetro urbano. Eso le convertirá, aunque le pese, en la punta de lanza de la batalla deseada por el Führer.

Si bien Hitler se muestra tranquilo, su estado de ánimo no ha variado. Hace manifestaciones que resultaban impensables un día antes: «Quien quiera irse, que se vaya, cada cual es libre de hacer lo que quiera», «No tengo más órdenes que dar a la Wehrmacht», «Que Göring se ocupe de todo. Cuando se trate de negociar, lo hará mejor que yo». Y después desaparece de nuevo. Un poco más tarde lo ven sentado en el pasillo, jugando con un cachorro.

Hacia las 16.00 horas. La reunión se reanuda y dura otras cuatro horas. Hitler está tan tenso que se verá obligado a salir de la sala en dos ocasiones. Anuncia a Keitel, Jodl y Bormann que pueden partir rumbo al reducto alpino. Los tres se niegan. Jodl propone trasladar todas las fuerzas del oeste hacia el este —esencialmente, el 12.º Ejército del general Wenck— y que se libre una batalla por Berlín. «La actitud pasiva de los americanos y, sobre todo, de su aviación, nos invita a ello», argumenta. Hitler acepta inmediatamente, encantado de que se alinee con su postura.

A las 17.20 horas se cursa al 9.º Ejército de Busse la orden de confluir con Wenck y después marchar juntos hacia Berlín. Es un concepto teórico: los 80.000 hombres del 9.º Ejército, rodeados por Kóniev, luchan ya por su supervivencia y no se hallan en condiciones de atacar. A las 19.15 horas, una comunicación por radio informa a Dönitz que debe poner todo su empeño en defender Berlín. Keitel irá personalmente por la noche a ver a Wenck al 12.º Ejército, mientras que Jodl se dirigirá a Krampnitz para reorganizar el OKW.

Este rebrote de la actividad y la esperanza no oculta el hundimiento de la moral en el búnker. El momento de extravío de Hitler es conocido por todos, y todos han perdido la esperanza. La mayor parte de su entorno lo abandona esa noche. Hitler mantiene a Krebs como único consejero militar. Uno de los telefonistas presentes, Rochus Misch, resume atinadamente la situación creada por las duras afirmaciones de la tarde: «Teníamos claro desde hacía tiempo que no había otra elección que suicidarse y, desde la tormentosa conferencia del 22 de abril, todo el mundo esperaba con gran tensión nerviosa el disparo con el cual Hitler obraría en consecuencia [de sus declaraciones]»[29].

18.00 horas. Magda Goebbels y sus seis hijos llegan al «antebúnker»: Helga (doce años), Hildegard (once), Helmut (nueve), Hedwig (ocho), Holdine (siete) y Heidrun (cuatro).

El matrimonio formado por Magda y Joseph Goebbels con sus seis hijos y Harald Quandt, fruto del primer matrimonio de Magda, que fue incorporado posteriormente a la fotografía. Los seis pequeños murieron envenenados por sus padres.

Todos los nombres comienzan por H, en honor al Führer. Magda lleva consigo el veneno que le ha entregado el SS Otto Skorzeny a cambio de una botella de whisky.

19.00 horas. A través de su ayudante de campo Otto Günsche, Hitler encarga al *Brigadeführer* Wilhelm Mohnke que prepare la defensa del «sector Z». Berlín estaba dividido en ocho sectores defensivos —del sector A al sector H— además de un noveno, el sector Z (por «Zitadelle»), que abarcaba el distrito gubernamental, en el centro del cual se encontraba el búnker del Führer. Mohnke, un ser violento e impulsivo de treinta y cuatro años, herido siete veces en combate, ha reunido en treinta y seis horas un grupo de combate compuesto por 2.100 efectivos de las SS, 132 ametralladoras y 16 morteros. La moral es alta.

El día 26 sumará a estas fuerzas un batallón de 600 marinos trasladados en avión desde Rostock. Más tarde se unirán a él diversos grupos de extraviados, sobre todo de las Juventudes Hitlerianas, de las tropas de la Luftwaffe y un puñado de SS franceses de la división Charlemagne. De inmediato organiza la defensa. El «balcón du Führer» se transforma en refugio subterráneo. La mesa de los mapas del despacho de Hitler se reconvierte en parapeto[30].

Durante la noche. Hitler comienza a destruir sus papeles, cartas y documentos en el búnker y en la cancillería. Da la orden a Julius Schaub, su ayudante de campo, de partir en el acto rumbo a su apartamento de Múnich y después al Berghof, y de destruir en esos lugares todas sus pertenencias personales. Hitler ve con claridad que el final se acerca y no quiere que quede nada de él, salvo la imagen heroica, cuyo diseño se ha convertido en su preocupación exclusiva.

Aunque ese 22 de abril es sin duda el día en que Hitler *ha hecho saber* que había decidido quitarse la vida, el suicidio no es una idea nueva para él. Estuvo cerca de ponerla en práctica ya en 1923 y 1932 —¡en su habitación del hotel Kaiserhof, a doscientos metros del búnker!—, después de dos fracasos políticos. Así pues, no se puede descartar la idea de que en su fuero interno la decisión se hubiera tomado mucho antes de ese 22 de abril, quizá a finales de diciembre de 1944, cuando se hizo evidente el fracaso de la ofensiva de las

Ardenas, tal como lo da a entender el testimonio de Nicolaus von Below[31], su ayudante de campo para la Luftwaffe.

¿Esta decisión del suicidio estuvo siempre ligada a Berlín? No es fácil responder. Hasta el 22 de abril, Hitler nunca había dicho formalmente que no a huir de Berlín, en dirección a los Alpes o Bohemia, donde continuaban los trabajos de organización de la defensa. Más que una resolución secreta de morir en su capital, cabe pensar entonces en una ausencia de decisión muy a su manera. Hitler habría dejado hacer a los acontecimientos hasta que no quedara otra salida que perecer en el búnker. No hay que excluir esta hipótesis.

Lunes, 23 de abril

Hacia la medianoche. Keitel llega al puesto de mando del general Wenck, al suroeste de Potsdam. Le repite la orden del Führer: ataque hacia el 9.º Ejército de Busse y después, agrupadas todas las fuerzas, acudir a liberar Berlín. «¡Hay que sacar a Hitler de la cancillería, si es necesario por la fuerza! Tiene usted en sus manos la salvación de Alemania». Wenck responde que atacará hacia el este, y Keitel se va, tranquilizado. El jefe del 9.º Ejército ha dicho una media mentira. Atacará, pero no en dirección a Busse, del que sabe que está rodeado. Lo que quiere es ir hasta Potsdam para liberar su guarnición de 20.000 hombres, y después volver al Elba para rendirse a las tropas norteamericanas. Como el SS Felix Steiner, Wenck no tiene en cuenta las órdenes de Hitler y solo piensa en escapar con sus hombres del cautiverio en Siberia.

La mayoría de los jefes militares en el este son de la misma opinión y las cifras indican que han actuado en consecuencia: entre el 20 de abril y el 8 de mayo de 1945, 1,8 millones de soldados alemanes lograron evitar el gulag echándose en brazos de los occidentales. Wenck habría preferido que ninguna otra misión estuviera a su alcance. Su «ejército» está formado, sobre el papel, por siete divisiones, además de diversas unidades improvisadas sacadas de las Juventudes Hitlerianas, de las escuelas o del partido (cuerpo franco Adolf Hitler). Los camiones y los cañones son insuficientes en número, apenas hay ochenta vehículos blindados. Dos divisiones ni siquiera combaten con el uniforme de la Wehrmacht[32].

Hacia el mediodía. El médico de las SS Ludwig Stumpfegger, sucesor de Morell, administra varias inyecciones a Hitler. El mismo hombre que se ha dedicado a espantosos experimentos con los deportados polacos de Ravensbrück asesinará a los seis hijos de Goebbels, a petición de su madre, el 1 de mayo, dándoles caramelos envenenados por él.

Ludwig Stumpfegger, médico de Hitler en sus últimos días.

Hacia las 13.00 horas. Goebbels, enardecido, lanza a los berlineses un llamamiento a las armas:

> La ciudad de Berlín será defendida hasta el final. [...] Nuestra ciudad

> se ha convertido en una ciudad del frente. [...] Cada berlinés es responsable de su casa y de sus pisos. Las casas y los pisos que izen la bandera blanca no tendrán derecho a la protección de la comunidad y serán tratados en consecuencia. [...] Esas casas son bacilos en el cuerpo de nuestra ciudad. [...] ¡Oponed la más dura e inflexible resistencia en todos los puntos! ¡Estad vigilantes! ¡No escuchéis las seducciones ni las amenazas del enemigo! [...] ¡Construid una comunidad jurada! [...] Vuestro *Gauleiter* está con vosotros. Su mujer y sus hijos también[33].

14.00 horas. Comienza el balance de situación, o lo que hace las veces de él. Casi todo el personal militar ha desaparecido, incluidos los encargados de las comunicaciones, excepto uno. Keitel, Jodl, Krebs y Burgdorf están presentes, aunque son incapaces de trazar un cuadro exacto de la situación. Keitel aporta noticias vagas del ejército de Wenck, del que Hitler lo espera todo. Burgdorf se esfuerza en recordar que, de Ejército, el 12.º no tiene más que el nombre, Hitler ya no escucha y pide que se inicie la ofensiva decisiva al cabo de una hora.

15.00 horas. Comienza el partido de fútbol que enfrenta al Bayern con el TSV 1860. El Bayern se impone en el derbi muniqués por tres goles a dos. Se desconoce el número de espectadores, pero debió de ser considerable, al igual que la asistencia a las salas de cine. A siete kilómetros del estadio, en el campo de concentración de Dachau, los 25.000 detenidos no son llamados al trabajo por primera vez desde 1933. Después de haber considerado la opción de gasear o bombardear los barracones de los prisioneros, las SS, el partido y la dirección del campo han decidido evacuarlos hacia

Mauthausen, el último campo accesible, a partir del día siguiente. Las negociaciones que llevan a cabo con la Cruz Roja suiza darán pie a la exclusión de los convoyes de los deportados occidentales, franceses, belgas y holandeses. Solo «la escoria de la tierra» —judíos, rusos, polacos— y los viejos detenidos alemanes, políticamente peligrosos, tendrán que abandonar el campo a partir del día 26. Entre 1.000 y 1.500 morirán en ese empeño.

Hacia las 16.00 horas. Artur Axmann intenta de nuevo convencer a Hitler de que huya de Berlín. En tono paciente, el Führer repite que no quiere hacerlo: «Lo mejor sería que me mataran fuera. Pero combatir, ya no puedo. Y tratar con el enemigo es imposible para mí». Keitel lo intenta a su vez. Sin más éxito. «¿Quién, esperando a Wenck, mantendrá a las tropas en combate y a la población en calma si no soy yo?», responde a modo de resumen. Keitel y Jodl vuelven entonces a su cuartel general de Krampnitz, de donde son expulsados por la noche por el avance de los soviéticos. Se refugiarán con los restos de su Estado Mayor en una casa forestal en Neuroofen. No volverán a ver a Hitler.

16.30 horas. Albert Speer acude a despedirse del Führer. Hitler le pregunta: «¿Qué piensa usted? ¿Debo quedarme aquí o partir a Berchtesgaden?». Para gran desesperación de Bormann, Speer aconseja a quien ha sido su mentor desde 1933: «Me parece mejor que acabe su vida —si eso fuera necesario— como Führer aquí en la capital que en su residencia secundaria». Lejos de desvariar sobre la llegada del ejército de Wenck, Hitler se concentra en lo esencial: el momento y las condiciones prácticas de su desaparición:

No iré al combate. Es demasiado grande el peligro de que sea herido y de que caiga vivo en manos de los rusos. Tampoco querría que mis enemigos pisotearan mi cadáver. He ordenado que me quemen. La señorita Braun quiere dejar esta vida conmigo, y a Blondi la mataré antes. Créame, Speer, me resulta fácil poner fin a mi vida. Un breve instante y me libraré de todo, quedaré liberado de esta vida de tormentos.

A continuación, Hitler invita a Speer a asistir al balance de situación.

17.00 horas. En una sala con asistencia muy escasa, Krebs presenta lo que sabe de la situación general, es decir, no gran cosa. En el sur, las fuerzas de Kóniev están en los barrios de Teltow y Lankwitz. En el este, los ejércitos de Zhúkov toman Köpenick y fuerzan la línea defensiva del ferrocarril circular. Zhúkov aventura una oferta de capitulación, que queda sin respuesta. Delante del mapa, Hitler vuelve a actuar como si creyera que todavía puede salvar la situación. ¿Pensaba que aún tenía mucho tiempo? Esto no puede excluirse a juzgar por la llegada al búnker de doscientas mil raciones de alimentos, una cantidad enorme que se ha conseguido en detrimento de la población civil.

18.00 horas. Cuando Hitler se retira a sus aposentos, el general Helmuth Weidling, comandante del 56.º Cuerpo de Panzers, se presenta en la entrada del búnker. La víspera se ha enterado de que Hitler ha ordenado que lo condenen a muerte por haber retrasado su cuartel general al oeste de Berlín. Desconcertado, Weidling se presenta espontáneamente para deshacer el malentendido: su Cuerpo de Panzers está en posición al este de Berlín. Hitler lo recibe de mejor grado si cabe, ya que Weidling está al mando de 20.000 hombres experimentados y dispone de unos 40 tanques y cañones de asalto. El 24 de abril a las 11.30 horas Hitler nombrará a Weidling, a quien había condenado al pelotón de fusilamiento el día anterior, comandante militar de Berlín, ¡el tercero en tres días!

La valía de los hombres de Weidling concederá ocho días de plazo al Führer. Con la ayuda de Goebbels, Hitler le añade a todo aquel que pueda mantener un arma: Juventudes Hitlerianas, Volkssturm, policías, marinos sin navíos, aviadores sin aviones... En total, entre 90.000 y 100.000 hombres, 60 tanques y 300 cañones de defensa antiaérea, frente a 300.000 combatientes soviéticos de primera línea con veinte veces más tanques, 2.000 aviones y la impresionante potencia de 14.500 cañones de artillería de todas clases.

Hacia las 21.00 horas. Llega al búnker un telegrama firmado por Hermann Göring. Su contenido es explosivo:

> ¡Mi Führer! ¿Está de acuerdo, después de su decisión de permanecer en su puesto de combate en la fortaleza de Berlín, y conforme a su decreto del 29 de junio de 1941, en que yo asuma inmediatamente, en calidad de su representante, la dirección del Reich con plenos poderes en el interior y en el exterior? Si no recibo respuesta antes de las 22 horas, daré por supuesto que está usted privado de su libertad. Consideraré entonces que se cumplen las condiciones de su decreto y actuará por el bien del pueblo y de la patria.

Göring, que se imagina que puede tratar con los occidentales, cree que juega con ventaja al especular con la falta de medios de comunicación con Berlín. Su estratagema le explotará en la cara. Cuando Hitler recibe el telegrama, está acompañado por Bormann y Goebbels, los dos enemigos más acérrimos de Göring, que claman inmediatamente que se trata de un golpe de Estado. Hitler responde con otro telegrama en el que anula el decreto de 1941 que nombraba a Göring como su delfín. Dos horas después le retira todos sus poderes, lo acusa de alta traición y ordena que sea detenido en el Obersalzberg por miembros de las SS armados.

Martes, 24 de abril

Hacia la medianoche. Himmler entra en el consulado sueco en Lübeck en compañía del conde Bernadotte. Es su tercera entrevista. Esta vez, el *Reichsführer* no tiene intención de circunscribir la conversación al rescate de los deportados escandinavos. Himmler escribe una carta en ese sentido, para que se la haga llegar al ministro de Asuntos Exteriores sueco. Unas horas más tarde ofrecerá a Speer, que ha acudido a verlo directamente después de despedirse de Hitler, una cartera en un Gobierno de Himmler.

03.25 horas. En Ratisbona, en la plaza Moltke, el padre Johann Maier y otro vecino de la ciudad son ahorcados con este cartel al cuello: «Soy un saboteador». La víspera por la noche los dos hombres se habían adelantado para calmar a una muchedumbre de mil personas que pedían que la ciudad se abriera a las tropas estadounidenses, muy cercanas.

A partir de las 05.30. Cada tres minutos, un obús de gran calibre cae sobre la cancillería. Los muros del búnker tiemblan, la luz se apaga. Cada disparo hace estremecerse a las sesenta personas que aún están presentes. ¿Sabían Zhúkov y Stalin que Hitler estaba allí? Es posible que así lo creyeran, si se fiaban de la intercepción de mensajes de radio[34]. Pero la actitud posterior de Stalin[35] puede inducir a responder lo contrario.

Durante la mañana. Llega al Obersalzberg la orden de Hitler de fusilar, si cae Berlín, a Göring, su mujer y su hija.

11.00 horas. Durante el balance de situación, Hitler tiene una nueva rabieta y vilipendia a los jefes militares por todos los desastres sufridos. Ordena a Krebs que inicie inmediatamente un ataque desde Oranienburg, al norte de la ciudad, para impedir que los soviéticos rodeen Berlín. Krebs no puede hacer otra cosa que despachar las órdenes hacia unas unidades con las que ya no tiene contacto directo y de las que no sabe exactamente dónde se encuentran. El *Brigadeführer*-SS Mohnke expone a continuación su plan de defensa del distrito de la cancillería. Según su costumbre, Hitler se interesa por todos los detalles técnicos, las posiciones de combate, la naturaleza de las tropas. A Mohnke le llama la atención el poco interés que manifiesta Hitler por los movimientos de los ejércitos anglosajones. «Tuve la impresión de que el Führer consideraba secundaria su acción»[36], dirá más tarde a sus interrogadores soviéticos. También señala la escasa presencia de jefes en la reunión, en comparación con la semana anterior: Krebs, Goebbels, Bormann, Hewel, Burgdorf, Naumann y Voss.

Miércoles, 25 de abril

09.00 horas. Una primera oleada de bombarderos Lancaster, a la que sigue una segunda a las 10.30, lanzan 1.181 toneladas de explosivos sobre el Berghof y diversas instalaciones de Berchtesgaden, causando enormes daños. Este ataque pone de manifiesto la preocupación de los angloamericanos por la constitución de un reducto alpino.

10.30 horas. Comienza un balance de situación dominado por un largo diálogo entre Hitler y Goebbels sobre la cuestión de la huida a Berchtesgaden.

> HITLER: No tiene ningún sentido que vaya al sur, porque allí no tengo ni influencia ni ejército. [...] Solo podría defender un bloque montañoso Alemania meridional-Austria occidental, si Italia siguiera siendo un teatro de operaciones. Pero allí también reina en el mando un derrotismo total.
>
> GOEBBELS: Si las cosas salen mal, el Führer encontrará una muerte con honor en Berlín, y Europa se convertirá en bolchevique. Y cinco años después el Führer se convertirá en una leyenda y el nacionalsocialismo en un mito, porque a través de la última batalla habrá sido santificado.

Hacia el mediodía. La oferta de capitulación de Himmler llega a Churchill. El primer ministro hace saber inmediatamente su rechazo a toda capitulación parcial al presidente de Estados Unidos, Truman, y a Stalin.

16.00 horas. Las fuerzas armadas de Estados Unidos (1.er Ejército) y las de la Unión Soviética (Primer Frente Ucraniano) confluyen en Torgau, a orillas del Elba. El Reich queda partido en dos.

Los Ejércitos soviético y estadounidense se encuentran en la ciudad de Torgau, a orillas del Elba. El Reich quedaba partido en dos.

18.00 horas. Hitler se entera de que el último aeropuerto de la ciudad, Gatow, ha caído en manos de las tropas soviéticas, después de que el de Tempelhof haya corrido la misma suerte esa mañana. Un poco más tarde llegará la noticia del cerco completo de Berlín: durante la mañana, las tropas de Zhúkov se han encontrado con las de Kóniev cerca de Ketzin, en el Havel, a quince kilómetros al oeste de la capital. Hitler sabe desde ese momento que le quedan muy pocas posibilidades de salir vivo de Berlín. Reacciona con una actividad histérica convocando a Jodl y Wenck para que acudan a liberar la capital.

19.40 horas. Keitel logra hablar con Steiner y le exige que ataque inmediatamente en dirección a Berlín. Después se dirige ante el general Holste por la misma razón. Durante su viaje en automóvil, comprueba la descomposición del Ejército y el hundimiento de la moral[37].

22.00 horas. En el último balance de situación, el general Weidling informa de que sus tropas solo controlan el centro de Berlín, es decir, un perímetro de seis mil a ocho mil metros alrededor de la cancillería. La bandera roja ondea sobre el antiguo edificio del comité central del Partido Comunista de Alemania, en la antigua plaza Bülow. Hitler no reacciona y, de nuevo, desarrolla, como para sí mismo, las razones de su negativa a abandonar Berlín:

> Consideraría mil veces más cobarde suicidarme en el Obersalzberg que quedarme y caer aquí. [...] Yo soy el guía tanto tiempo como pueda realmente guiar. Pero guiar, no puedo hacerlo si me encuentro en algún lugar en una montaña. Para ello tengo que poder ejercer mi autoridad sobre unos ejércitos que obedezcan. [...] El supuesto reducto alpino no es autárquico. Es una ilusión. Los ejércitos allí son débiles. En el sur, no hay sencillamente nada que hacer. [...] Si abandonásemos la escena mundial de manera tan vergonzosa, entonces habríamos vivido en vano. Que un hombre continúe viviendo un poco más, o no, no tiene ninguna importancia. Es mejor terminar el combate con honor que sobrevivir unos meses o unos años con vergüenza y deshonor[38].

Jueves, 26 de abril

00.25 horas. Jodl recibe este telegrama de Hitler:

> El rápido inicio de los ataques de precisión en las direcciones ordenadas se impone con toda urgencia. El 12.º Ejército debe acudir a una línea Beelitz-Ferch y dirigir su ataque hacia el este hasta confluir con el 9.º Ejército. [...] Después de su confluencia, dependerá de los dos ejércitos dirigirse hacia el norte para aniquilar las unidades enemigas presentes en la parte sur de Berlín y realizar una amplia conexión con la ciudad. El grupo de ataque que parta del noroeste de Oranienburg [grupo de Steiner y/o grupo de Holste] llegará mediante un primer ataque el sector de Bötzow.

A la misma hora. El general Busse da orden a su 9.º Ejército de abrirse paso fuera de la bolsa donde los soviéticos lo han cercado. En vez de dirigir su esfuerzo hacia Berlín, como exige Hitler, decide ir hacia el oeste, en dirección a las tropas estadounidenses. Algunas unidades con tanques logran romper el cerco por una ratonera, pero, detrás de ellas, los soviéticos vuelven a cerrar la red. Todos los demás intentos se saldarán con una espantosa matanza. En los bosques alrededor de la ciudad de Halbe, los soldados de Kóniev marchan, literalmente, sobre una alfombra de cadáveres de soldados, civiles y caballos.

Al amanecer. Wenck inicia su ataque. Esperaba sorprender a los soviéticos, pero el día 23, según una idea de Goebbels, Hitler había hecho caer sobre Berlín y sobre el 12.º Ejército una lluvia de octavillas aireando el asunto:

> ¡Soldados del ejército de Wenck! Una orden de un alcance inmenso os ha sacado de vuestras posiciones frente al enemigo del oeste y os ha puesto en marcha en dirección al este. Vuestra misión está clara: Berlín sigue siendo alemán. [...] Vuestro Führer os ha llamado y vosotros habéis corrido al asalto como en los viejos tiempos de las victorias. Berlín os espera, Berlín os desea con todo su corazón.

Sin embargo, las cuatro divisiones logran avanzar veinte kilómetros durante el día. Informados por una nueva octavilla de Goebbels, los berlineses contienen la respiración.

Durante la mañana. La radio alemana difunde un comunicado que informa a la población de que el Führer está personalmente al mando del combate contra «el asalto bolchevique» y de que los refuerzos están en camino:

> El Führer hace venir ante su presencia directamente desde el frente a los oficiales y los hombres que se han distinguido especialmente. Así, han recibido la cruz de caballero de la mano del Führer el capitán Jaschke, que está al mando de batallón de cañones de asalto, y el suboficial Paul[39].

Hacia las 19.00 horas. Hanna Reitsch, nazi acérrima y consumada aviadora, consigue posar un pequeño avión de enlace bajo el fuego soviético ante la puerta de Brandemburgo. Su pasajero, el general de la Luftwaffe Von Greim, convocado por Hitler, resulta herido. Hitler recibe a los dos recién llegados una hora después. Nombra a Robert Ritter von Greim comandante en jefe de la Luftwaffe, en lugar de Göring, y lo hace mariscal, el número veintiséis desde 1936, y el último.

Hanna Reitsch, aviadora alemana y fanática nazi, fue la única mujer condecorada con la cruz de hierro de primera clase.

Viernes, 27 de abril

Después de la medianoche. El *Gruppenführer*-SS Hermann Fegelein llama a su cuñada, Eva Braun. Le implora que abandone a Hitler, que huya de Berlín con él. Eva le pide que vuelva al lado del Führer, que se extraña de no haberlo visto desde hace tres días. Fegelein se niega. No tiene la menor intención de morir en el búnker.

Hacia las 06.00 horas. Keitel recibe un telegrama que anuncia el hundimiento casi definitivo del frente alemán en Italia. Mussolini había sido capturado por la resistencia antifascista, un hecho que ha desencadenado una insurrección general.

Hacia las 10.00 horas. El 12.º Ejército del general Wenck llega a Ferch, a unos kilómetros al sur de Potsdam. Hitler, que está con Krebs en la sala de reuniones, recibe la noticia con júbilo. Goebbels se encarga de difundirla. La moral mejora en el búnker.

Mediodía. Hitler recibe a Hanna Reitsch y le regala dos frascos de un centímetro cúbico de ácido cianhídrico. Himmler ha mandado fabricar varios centenares en el campo de concentración de Sachsenhausen. Hitler confiesa a la joven que, si Wenck fracasa, se suicidará con Eva Braun. Por la tarde, el Führer distribuirá el veneno entre todos sus colaboradores. Al tender una ampolla a Von Below, su ayudante de campo para la Luftwaffe, le dice que está decidido, llegado el momento, a dar una orden de paso fuera de Berlín para los combatientes, que llevarán con ellos a Goebbels y Bormann.

16.00 horas. Durante el balance de situación de mitad de jornada, Goebbels anuncia que «el grupo de Wenck ha confluido con la cabeza de puente de Potsdam». Hitler: «Si se prosigue aquí con energía, todo el asunto se pondrá en movimiento, porque el adversario solo tiene en este lado unidades de retaguardia». Krebs y Hitler esbozan, una vez más, una maniobra de escape concéntrico, un ejercicio teórico que se efectúa como si las unidades estuvieran intactas: Steiner en el norte, Wenck en el oeste, Busse en el sur, y el ruso sufrirá una sangrienta derrota. Hitler añade:

> Lo único que me tensa los nervios es que me gustaría hacer algo y no puedo hacer nada. Ya no puedo dormir [...] hoy voy a acostarme un poco más tranquilo y solo me despertarán si un tanque ruso aparece delante de mi habitación para que tenga tiempo de tomar mis precauciones[40].

Para confirmar la recuperación de su buen estado de ánimo, Hitler menciona el momento en que podrá comenzar de nuevo a construir edificios oficiales, su pasión de siempre.

Hacia las 17.00 horas. El mariscal de campo Keitel viaja hasta Rathenow, a ciento veinte kilómetros al noroeste de Berlín, para entrevistarse con el teniente general Rudolf Holste, comandante del 41.º Cuerpo de Panzers. Hitler ha ordenado que sustituya al SS Steiner al frente de las fuerzas que, desde el norte, deben avanzar hacia Berlín. Holste muestra por esta empresa tan poca diligencia como Wenck y Steiner. Keitel y Jodl son los últimos que se afanan por sacar a Hitler del búnker.

21.30 horas. Un comando de las SS lleva al búnker a Fegelein, medio borracho, con una maleta repleta de oro, joyas y divisas extranjeras; estaba escondido en un apartamento de la Kurfürstendamm. Hitler degrada inmediatamente a su casi cuñado y ordena que sea juzgado lo antes posible por un consejo de guerra por deserción ante el enemigo.

Medianoche. Durante el balance de situación de la noche[41], Krebs reconoce que no tiene ninguna noticia del 9.º Ejército del general Busse, salvo que no marcha hacia Berlín, como se le había ordenado, sino hacia el oeste. Hitler explota de ira. Ordena que se vuelva a enviar a Busse la orden de acudir con sus fuerzas a Berlín acompañada de estas palabras: «La historia y el pueblo alemán juzgarán con desprecio al hombre que, en estas condiciones, no haya dado lo mejor de sí mismo para salvar la situación y al Führer». Busse no contesta, ocupado como está en salvar, precisamente, lo que se pueda de su ejército agonizante.

En cuanto a Wenck, no da buenas noticias: su 12.º Ejército ya no avanza ante la firme resistencia de los soviéticos. Por último, para acabar de hundir el estado de ánimo de Hitler y del búnker, el general Heinrici comunica que el 3.er Ejército de Panzers se disgrega ante el Segundo Frente Bielorruso del mariscal Rokossovski. Presa de un pánico alucinante, 150.000 hombres huyen hacia el oeste abandonando sus armas, «un espectáculo que yo no había visto nunca, ni siquiera en 1918», escribe el general Von Manteuffel, comandante del 3.er Ejército de Panzers, que sin embargo había emitido la víspera una orden «a la soviética»: «Que todas las armas pesadas dispuestas en la retaguardia, la defensa antiaérea y la artillería disparen directamente a ciegas contra los fugitivos»[42].

Nada puede impedir que los rusos avancen hacia Rostock y Wismar, en el Báltico. El Grupo de Ejércitos del Vístula ya no existe.

Durante la madrugada. El 8.º Ejército de la Guardia del general Chuikov, *El León de Stalingrado,* se alinea a lo largo del canal Landwehr. El búnker de Hitler se encuentra a tres mil metros. Un batallón de carros de combate ha logrado incluso infiltrarse en el recinto del zoo, a mil quinientos metros. El 3.er Ejército de Choque se acerca a la estación de Lehrter, amenazando también el distrito gubernamental —el «sector Z»— por el norte. Los cinco mil defensores del «sector Z» proceden de los restos de las Divisiones SS Nordland (voluntarios escandinavos), Charlemagne (franceses) y Hitlerjugend, así como de la División de Panzers Müncheberg. El diario de Martin Bormann muestra una locuacidad poco habitual:

> ¡Himmler y Jodl inmovilizan las divisiones destinadas a liberarnos! Nosotros, fieles hasta la tumba, vamos a quedarnos y a morir con nuestro Führer. Los demás, a causa de «altas consideraciones», piensan actuar de otro modo y sacrifican a Führer. ¡Ugh![43].

Sábado, 28 de abril

03.00 horas. Krebs llama a Keitel y le pregunta si, desde el norte, se iniciará el ataque en dirección a Berlín. «Si usted no nos ayuda en las próximas treinta y seis o cuarenta y ocho horas, entonces será demasiado tarde», añade, citando a Hitler.

Keitel confiesa que no ha podido convencer al general Holste de que se comprometa en el asunto, que Steiner sigue llevando las riendas, a pesar de la orden de Hitler, y que retrocede hacia el oeste por temor a ser cercado. «Vamos a impulsar a Wenck y Busse con la última energía»[44], promete Keitel.

A partir de las 05.00 horas. La artillería soviética se desata. Miles de obuses devastan el centro. Hay tanto polvo que es necesario apagar la ventilación dentro del búnker para que el aire no se vuelva irrespirable.

09.00 horas. El 9.º Ejército comunica que su intento de abrir una brecha ha fracasado y anuncia el hundimiento inminente de la tropa y de los mandos. Busse confiesa que las unidades intentan encontrar una salida cada una por su cuenta, sin coordinación alguna.

Hacia las 11.00 horas. Un empleado de la agencia DNB de Berlín oye en Radio Estocolmo que Himmler ha ofrecido a los anglosajones la capitulación sin condiciones y que ha sido rechazada.

Hacia las 14.00 horas. Hitler almuerza con las secretarias Traudl Junge y Gerda Christian, la cocinera Constanze Manziarly y Eva Braun. Se habla sobre todo de la mejor manera de llegar al más allá. Eva Braun se declara a favor del veneno. «Quiero que quede un bonito cadáver», explica. Hitler asegura que el ácido cianhídrico actúa sin dolor, la muerte sobreviene en unos segundos por parálisis de los sistemas nervioso y respiratorio. Traudl Junge pide una ampolla para ella y su colega. Hitler le tiende un envase con estas palabras: «Lamento no poder hacerle un regalo de despedida más bonito». Antes de despedirse, la secretaria se atreve a formular una pregunta política: «¿Cree usted, mi Führer, que el nacionalsocialismo volverá?». Hitler responde:

> No, está muerto. Tal vez dentro de un siglo aparezca de nuevo una idea semejante, que se extenderá por el mundo con la fuerza de una religión. Pero Alemania está perdida. No estaba lo bastante madura, ni era lo bastante fuerte para esta tarea.

Le costaba llevarse la cuchara temblorosa a su boca, señala la secretaria. Al volver a la cancillería, observa con sorpresa «que se fuma por todas partes, tanto si el Führer está allí como si no»[45]. Los obuses soviéticos caen sin parar sobre el edificio, los jardines, la Potsdamer Strasse.

Durante la tarde. El OKW comunica que la emisora de radio de Erding ha caído en manos de amotinados que dicen pertenecer a un Comité de Liberación bávaro —en realidad, Acción por la Libertad de Baviera— que llama a deponer las armas. La acción está dirigida por tres oficiales de la Wehrmacht. A las 15.30 horas, se cursa a todas las tropas estacionadas en el sector de Berchtesgaden-Salzburgo la orden de ir a aplastar la «insurrección». Resurge el espectro de la revolución de noviembre de 1918.

Keitel se presenta ante el general Heinrici, que ha ordenado a sus tropas que dejen de ocuparse de Berlín y retrocedan hacia el oeste. Lo acusa de desobediencia y de sabotear una orden del Führer. Heinrici se encoge de hombros. Será destituido a las 23.30 horas.

16.50 horas. Hitler reacciona a la información difundida por Radio Estocolmo en relación con la oferta de capitulación de Himmler. Pide a Dönitz que la verifique. El gran almirante se pone en contacto con el *Reichsführer*-SS a las 17.20 horas; este la desmiente descaradamente. Poco antes de las 21.00 horas, el búnker capta un despacho de Reuter, difundido por la BBC, que confirma la oferta de Himmler y ofrece detalles.

La noticia deja inconsciente, literalmente, a Hitler, que «primero llorará como un niño, y después se pondrá a rugir como un poseso»[46]. Expulsa a Himmler del partido y lo declara traidor. Ordena al mariscal de campo Greim y a Hanna Reitsch que vuelen a Plön, ante la presencia de Dönitz, y se aseguren de que este administra el castigo merecido a Himmler. Sospechando que Fegelein forma parte del complot de las SS, ordena que lo fusilen. La ejecución tendrá lugar al día siguiente por la noche en los jardines del Ministerio de Asuntos Exteriores.

Durante la noche. Bormann y Krebs, temiendo el efecto de la propuesta de Himmler a los ingleses, dirigen un llamamiento patético más a Wenck:

> ¡Un punto de inflexión solo puede conseguirlo el Führer y solo él! La condición que debe cumplirse a este respecto es el restablecimiento inmediato de la confluencia entre el ejército de Wenck y nosotros para que así el Führer pueda recuperar su libertad de acción en el interior y en el exterior[47].

21.00 horas. En Caserta, el mayor Wenner, en nombre del general Wolff, y el teniente coronel Von Schweinitz, en nombre del general Von Vietinghoff, firman el acta de capitulación de todas las fuerzas alemanas en Italia. Se rinden 600.000 hombres. La gran prohibición de Hitler —ninguna capitulación— se ha transgredido por primera vez, y a iniciativa de las SS.

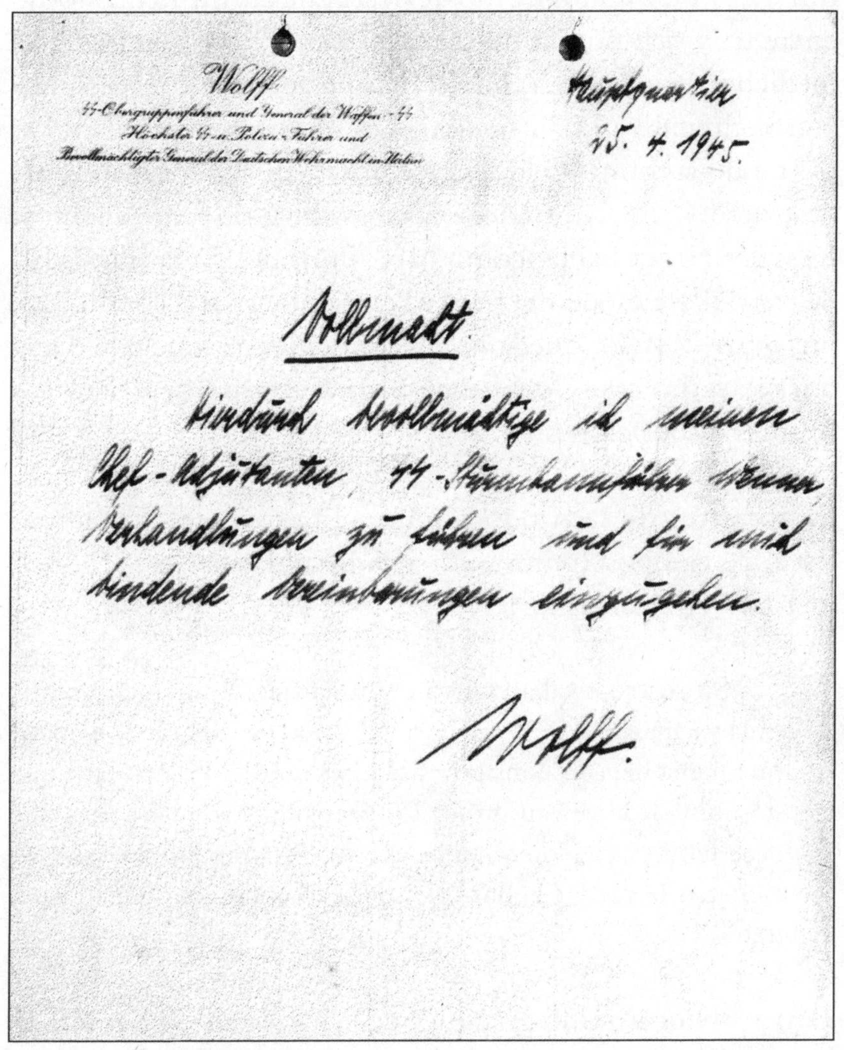

Wolff
SS-Obergruppenführer und General der Waffen-SS
Höchster SS- u. Polizei-Führer und
Bevollmächtigter General der Deutschen Wehrmacht in Italien

Hauptquartier
25. 4. 1945.

Vollmacht.

Hierdurch bevollmächtige ich meinen Chef-Adjutanten, SS-Sturmbannführer Wenner Verhandlungen zu führen und für mich bindende Vereinbarungen einzugehen.

Wolff.

Poder de rendición de las fuerzas alemanas en Italia, las primeras en hacerlo ante los Aliados.

22.00 horas. El balance de situación entierra la última ilusión de Hitler: un mensaje anuncia que el ejército de Wenck retrocede ante el fuego del contraataque soviético. El general Weidling, que sigue siendo comandante militar de Berlín, avisa de que los combates cesarán en un máximo de cuarenta y ocho horas por falta de municiones, de material médico y de víveres. Y añade: «Mi Führer, me comprometo personalmente a hacer que salga de Berlín sano y salvo. De ese modo la capital del Reich se librará de un combate final destructor»[48]. A continuación se produce un largo silencio. Después Hitler habla, como para sí mismo, de la inutilidad de huir. ¿Para esperar el final a la intemperie o escondido en una granja? Mejor quedarse en la cancillería, concluye. Después se retira con Goebbels y Bormann para hablar de sus últimas disposiciones.

Poco antes de la medianoche. Hitler va a saludar al mariscal de campo Greim y a la aviadora Hanna Reitsch, que escribirá en sus memorias[49]:

> Su rostro estaba blanco como la tiza, la imagen de una vida ya apagada. Le dice a Greim, mientras despliega el mapa que había llevado consigo: «Si lo logran, mediante un ataque de bombarderos, aniquilar los preparativos y las calles que acceden a la cancillería, entonces se ganarán al menos veinticuatro horas y eso dará tiempo a Wenck para llegar hasta aquí».

Durante la noche. Acción por la Libertad de Baviera es aplastada por organizaciones nazis de todo tipo: SA, Policía, Werwolf. Hay cuarenta víctimas. Entre ellas, en la pequeña ciudad minera de Penzberg, a cincuenta kilómetros de Múnich, un grupo formado por dieciséis excomunistas y socialdemócratas que, esa misma mañana, habían destituido al alcalde.

En su diario, Bormann anota: «Nuestra cancillería imperial se convierte en un montón de ruinas. El mundo pende de un cabello»[50].

La moral del búnker se hunde. Se bebe mucho, se baila un poco, únicamente en ausencia de Hitler, que no tolera ningún abandono personal. Los soldados soviéticos están a ciento cincuenta metros de la cancillería, en la Potsdamer Platz, y pueden aparecer de un momento a otro. Se oyen con claridad los disparos de armas personales.

Aspecto de la Potsdamer Platz en ruinas. Una de las más concurridas de Europa antes de la Segunda Guerra Mundial no se reconstruyó hasta después de la caída del Muro.

Domingo, 29 de abril

01.00 horas. Hitler se casa con Eva Braun, su amante desde hace trece años, en una ceremonia rápida. El testamento privado parece indicar que una petición de la novia está en el origen de este acontecimiento sorprendente dadas las circunstancias. Solo están presentes los dos testigos, Goebbels y Bormann, y un oficial del Registro Civil requerido deprisa y corriendo, vestido con el uniforme de la Volkssturm. A continuación, entran en la antecámara del Führer para tomar una copa de espumoso. Magda Goebbels se une al grupo con el cuadro de los últimos fieles: la secretaria Gerda Christian, la cocinera Constanze Manziarly los generales Burgdorf y Krebs, Von Below, el ayudante de campo de las SS Günsche y Artur Axmann. El mayordomo Linge observa entonces a Eva Braun: «No la llamaba ya *Fräulein,* sino *Frau* Hitler, y sus ojos se iluminaban. Sonreía, feliz... Había soñado con ello durante más de diez años»[51].

Hacia las 02.00 horas. Hitler llama a la otra secretaria, Traudl Junge, y le pide que acuda a la sala de reuniones con un bloc de taquigrafía. Le dicta rápidamente su «testamento político», sin esfuerzo, vacilaciones, ni correcciones. No se encuentra en el texto ningún cuestionamiento personal o político. La catástrofe actual se debe, en primer lugar, a los judíos y, secundariamente, a los ingleses. Agradece al pueblo alemán sus gestas y da por sentado que no dejará el combate bajo ningún pretexto, fiel al «credo del gran Clausewitz». Expulsa del movimiento nazi a Göring, reitera la anulación del decreto del 29 de junio de 1941 por el que le designaba su delfín y nombra en su puesto al gran almirante Dönitz. Echa también a Himmler y reparte sus atribuciones entre los dos *Gauleiters,* Karl Hanke y Paul Giesler. Para dirigir ahora y siempre la guerra, bajo la presidencia de Dönitz, Goebbels es designado caciller y Bormann, ministro del partido, Seyss-Inquart asume Asuntos Exteriores y Schörner, el alto mando del Ejército de Tierra.

Hacia las 03.00 horas. Hitler dicta un testamento privado en el que anuncia: «Yo mismo y mi esposa elegimos la muerte para escapar de la vergüenza de la destitución o la capitulación. Nuestra voluntad es ser incinerados inmediatamente e *in situ*».

06.00 horas. Las tropas de Zhúkov inician una enorme preparación de artillería que dura sesenta minutos. A continuación, los batallones de asalto del 3.er Ejército de Choque en el norte y los del 8.º Ejército de la Guardia en el sur se lanzan para franquear los últimos obstáculos que impiden el acceso al distrito gubernamental, el Spree y el canal Landwehr. A última hora de la tarde, los combates se librarán en el Tiergarten y la Potsdamer Platz. El grupo de combate de Mohnke logra inutilizar varios tanques soviéticos y contener el «frente» a quinientos metros de la persona de Hitler. Grupos de jóvenes de las SS continúan ahorcando o matando con tiros en la nuca a los «cobardes» y los «desertores», hasta en la Potsdamer Strasse, hasta en el jardín de la cancillería.

Mediodía. Llega la noticia de la ejecución de Mussolini y su amante, y de la suerte que la muchedumbre ha hecho sufrir a sus cadáveres. Hitler, que ha declarado unos días antes a Bormann que mantenía en el Duce todo «su afecto personal»[52], acusa el impacto, pero sobre todo se ve confirmado en su decisión por la descripción de los hechos ocurridos en Piazzale Loreto, en Milán: «No quiero caer en manos del enemigo ni muerto ni vivo. Después de mi muerte, mi cadáver debe ser quemado y que sea imposible de encontrar para siempre».

La idea de que lo vean desnudo, incluso muerto, debía de resultarle completamente intolerable. Su pudor corporal estaba tan arraigado que el doctor Morell nunca pudo auscultarlo realmente. Se bañaba, se afeitaba y se vestía solo, aunque tenía personal a su servicio. La cremación se explica tanto por la voluntad de «desaparecer» como un héroe germánico —en consecuencia, con la promesa de un renacimiento— como por la idea de ser exhibido ante el mundo.

12.50 horas. La pequeña antena globo que permitía la conexión telefónica con Keitel y Jodl es destruida. Para comunicarse con el alto mando, el búnker puede seguir utilizando una conexión de radio con la Marina instalada en un sótano del Ministerio de Propaganda. Los despachos militares van y vienen en las carteras de miembros de las Juventudes Hitlerianas, varios de los cuales morirán alcanzados por los obuses soviéticos. El aislamiento de Hitler es casi total. Bormann, en cambio, mantiene el control de un emisor-receptor propio en el partido, que le permite seguir en contacto con los *Gauleiters*.

Hacia las 15.00 horas. A petición de Magda Goebbels, Hitler se dirige al refugio situado bajo la nueva cancillería, donde se ha instalado un hospital de campaña. Desde hace diez días, en condiciones terribles, dos médicos operan día y noche a los cientos de heridos que afluyen. Un numeroso grupo de mujeres y niños aterrorizados han acabado allí después de deambular de un barrio a otro bajo los obuses. En la cantina continua, Magda Goebbels y sus seis hijos, una veintena de otros pequeños supervivientes de los combates en las calles, enfermeras y heridos se agolpan para ver al Führer. Hitler llega encorvado, tembloroso. Los niños comienzan a cantar. Pasea una mirada vacía por la concurrencia. Los sollozos estallan por todas partes. Se va al cabo de treinta segundos, sin haber dicho una palabra.

16.00 horas. Hitler hace envenenar a su perra Blondi y a Wolf, su cachorro preferido, lo que le permite verificar la eficacia de las ampollas remitidas por Himmler, de quien sospechaba lo peor.

16.15 horas. Bormann y Burgdorf envían dos enlaces en moto al comandante del 12.º Ejército con este simple mensaje: «¡Wenck, ha llegado la hora!».

Durante la noche. En el balance de situación, el general Weidling intenta que Hitler se decida a poner fin a los combates, pero sin atreverse a pedírselo directamente: «A falta de municiones, […] con toda probabilidad, la batalla por Berlín habrá acabado el 30 de abril por la noche», aventura con prudencia. Hitler pide y obtiene confirmación de la previsión de Mohnke. Le sigue un silencio, durante el cual Hitler calcula seguramente que le quedan menos de veinticuatro horas de vida, si Wenck no llega mientras tanto hasta él. Weidling vuelve a pedir autorización para abrirse paso. «Solo en pequeños grupos. No habrá capitulación de Berlín», responde. «Nos quedamos allí, sin hablar —informa Mohnke—. Todos miraban hacia Adolf Hitler, todos sabían que estaban irremediablemente condenados. Luego asintió con la cabeza y se retiró en silencio a sus aposentos»[53].

23.00 horas. Hitler envía a Jodl un último mensaje: «1) ¿Dónde están las puntas de Wenck? 2) ¿Cuándo llegará? 3) ¿Dónde está el 9.º Ejército? 4) ¿Dónde está el grupo de Holste? 5) ¿Cuándo llegará?».

Lunes, 30 de abril

Medianoche. Hitler comienza a despedirse de su entorno, una treintena de personas en total[54]. Da las gracias en primer lugar a su mayordomo, Heinz Linge, a su servicio desde hace diez años. Le encomienda una última misión: «Prepare en mi habitación mantas de lana y bastante gasolina para dos cremaciones. Me voy a quitar la vida con Eva Braun. Usted envolverá nuestros cadáveres en las mantas, los subirá al jardín y los quemará». Añade que todos sus bienes personales que se encuentran en el búnker deben desaparecer, salvo el cuadro de Federico el Grande, que dona a Hans Baur, su piloto jefe.

01.30 horas. Hitler reúne a sus colaboradores y pronuncia un pequeño discurso de despedida. Les exime de su juramento de fidelidad a su persona y les aconseja que se abran paso hacia las líneas estadounidenses o británicas. A las 02.00 horas, saluda a los médicos y las enfermeras que trabajan día y noche en los refugios subterráneos públicos de la cancillería.

02.30 horas. Keitel y Jodl sellan el destino de Hitler al responder a su último mensaje:

> 1) Las puntas de Wenck están inmovilizadas al sur del lago de Schwielow. Violentos ataques soviéticos contra todo su flanco este. 2) En consecuencia, el 12.º Ejército no puede continuar su ataque hacia Berlín. 3) La mayor parte del 9.º Ejército está rodeada. [...] 4) El Cuerpo de Holste se ve obligado a la defensiva de Brandemburgo a Kremmen pasando por Rathenow.

La suerte está echada. No queda ninguna esperanza, ninguna ilusión. No obstante, sospechando una traición de Keitel y Jodl —sin embargo, fieles entre los fieles—, Hitler ordena a Bormann que envíe un mensaje a Dönitz en el que le pide que castigue sin piedad a todos los traidores, por muy alta que sea la posición que ocupen.

06.00 horas. Hitler manda llamar al general Mohnke, que está al mando de los SS encargados de defender el acceso a la cancillería. Le recibe en pijama y pantuflas, con una bata de seda negra sobre los hombros. «¿Cuánto tiempo puede usted seguir aguantando?», le pregunta. El general responde: «No más de veinticuatro horas, mi Führer». A continuación, el oficial hace un informe exacto de la situación:

> Los rusos han llegado a la Wilhelmstrasse, están en los túneles del metro bajo la Friedrichstrasse y también bajo la Vossstrasse [donde se encuentra la cancillería], la mayor parte

del Tiergarten está en sus manos y combaten en la Potsdamer Platz, a trescientos metros de nosotros[55].

Cuatro horas más tarde, Weidling, que está al mando del conjunto de las fuerzas en Berlín, provoca una reunión secreta de sus jefes de unidad y decide, con la aprobación de estos, intentar abrir una brecha esa misma noche, incumpliendo las órdenes del Führer. Al término de la reunión, para su gran sorpresa, un oficial de las SS se presenta a él y le informa de que el Führer le da carta blanca. Esta orden será objeto de una contraorden del general Krebs dos horas después de la muerte de Hitler[56].

Mediodía. Hitler repite a Otto Günsche, su ayudante de campo de las SS, que «no quiere que su cadáver sea exhibido por los rusos en un museo de cera»[57]. Le encomienda la misión que ya ha encargado a su mayordomo, Heinz Linge, y a su piloto jefe, Hans Baur: quemar su cuerpo hasta el último fragmento.

13.00 horas. Hitler toma su última comida —espaguetis con tomate— con las dos secretarias y, quizá, la cocinera, pero sin su esposa.

13.30 horas. Günsche llama a Kempka, el chófer de Hitler, y le ordena que encuentre inmediatamente doscientos litros de gasolina. Kempka los extrae de los depósitos de los vehículos que están en el garaje subterráneo de la cancillería.

13.50 horas. La infantería soviética asalta el Reichstag. La primera bandera soviética se izará sobre el monumento hacia las 20.50 horas.

14.00 horas. Hitler hace una última ronda de despedidas, primero de los Goebbels y de Hans Baur, después de todos los que han quedado a su alrededor. Baur le lanza un último salvavidas:

> Hay todavía aparatos que pueden llevarle a Argentina, a Japón, o bien podría desaparecer con uno de esos jeques del Sahara que siempre han tenido una disposición favorable con respecto a usted a causa de la cuestión judía y que, durante la guerra, a menudo nos han abastecido de café.

Hitler responde:

> Sigo teniendo dos posibilidades: ir a las montañas o con Dönitz, en Flensburg. Dentro de quince días, estaré en el mismo punto que hoy. [...] La guerra termina con Berlín, me quedo y caigo con Berlín. Hay que tener el valor de extraer las consecuencias: ¡he terminado! [...] Los rusos saben exactamente que estoy en el búnker y me temo que disparen obuses de gas. Hemos desarrollado durante la guerra un gas que anestesia durante veinticuatro horas. Sabemos por nuestros servicios de información que los rusos también tienen ese gas. Es inimaginable que me capturen vivo. [...] ¡Entonces termino hoy![58].

Hitler concede una entrevista de diez minutos a Magda Goebbels y la agasaja regalándole su insignia de oro del partido nazi. Goebbels llega en ese momento y suplica a Hitler que se deje llevar afuera por un grupo de las Juventudes Hitlerianas. Recibe una negativa educada.

14.30 horas. Hitler se despide del contraalmirante Voss y, a través de él, de Dönitz, su sucesor. En los diez minutos de conversación, hace una declaración sorprendente, al menos si damos crédito a las fuentes soviéticas:

> He comprendido el error fatal que cometí al atacar a la Unión Soviética. Nunca habría imaginado que Stalin podía inocular hasta ese punto sus ideas a su pueblo. Hay que ser un genio de la política y de la estrategia para poder organizar a su pueblo en unas condiciones tan desfavorables y en medio de un combate sin precedentes, como ha sido el caso en Moscú, Stalingrado y Leningrado. Y Stalin ha resultado ser el hombre capaz de hacerlo. Si tuviera la oportunidad de seguir viviendo y de dirigir el Estado, tomaría siempre ejemplo de él[59].

Hitler ruega a Voss que «transmita por todos los medios a Dönitz» su voluntad de no tratar más que con Stalin. En presencia de Mohnke, esa misma mañana[60], también había elogiado el bolchevismo: «Las democracias occidentales son decadentes y no podrán estar a la altura de este joven pueblo intacto del este al que conviene exactamente la dura mano del sistema comunista».

15.15 horas. Hitler vuelve a recordar a su mayordomo lo que tiene que hacer con su cadáver. Le aconseja que intente abrirse paso hacia el oeste «con todos los demás». Linge se atreve a preguntarle: «Pero ¿por quién debemos abrirnos paso ahora?». Hitler le responde: «Por el que vendrá». Estrecha la mano de su mayordomo y, por última vez, hace el saludo nazi[61]. Linge cierra la puerta de sus aposentos privados y Otto Günsche, ayudante de campo de las SS del Führer, impide el acceso a ellos.

Alrededor de las 15.30 horas. Eva Braun se quita la vida con veneno y Hitler se dispara una bala en la sien derecha. Según los testimonios de Linge y Axmann, los dos cuerpos estaban sentados, con los ojos semicerrados, en el sofá de flores, en el pequeño salón contiguo a la habitación del Führer[62]. En el suelo, las dos armas personales de Hitler: un Walther PPK 7,65 mm (el que lo ha matado) y un Walther 6,35 mm. Linge y Bormann son los primeros en entrar en la estancia, seguidos de Günsche. Con una docena de SS sacan los dos cadáveres, el de Hitler envuelto en la manta prevista. Al paso de los restos, Axmann, Goebbels, Krebs y Burgdorf levantan el brazo.

Interior del búnker de la cancillería del Reich, donde se suicidaron Hitler y Eva Braun.

15.50 horas. En medio de las salvas de artillería soviéticas, Günsche hace que se depositen los dos cadáveres a tres o cuatro metros de la entrada del búnker. Los rocían de gasolina y les prende fuego. Los cuerpos arderán durante cuatro horas, gracias a doscientos litros de gasolina adicionales. Hacia las 20.00 horas, los restos serán enterrados de forma precipitada cerca del fuego, en un cráter de obús.

16.00 horas. El 7.º Ejército de Estados Unidos entra en Múnich, sede oficial de la cancillería del partido nazi, donde Hitler había comenzado su carrera política veinticinco años antes.

Páginas de la Historia

Las marchas de la muerte

El sistema concentracionario nazi inició su agonía en enero de 1945. En esas fechas tenía encerrados, según la estimación más baja, a 714.000 detenidos repartidos entre un millar de campos que, a su vez, estaban organizados en redes alrededor de trece campos principales. Estaban custodiados por 40.000 hombres y mujeres, en su mayoría miembros de las SS. Aquellos deportados eran vistos por los nazis como un peligro —habían sido declarados políticamente y/o racialmente enemigos del Reich— y como una bendición, en tanto que reserva de esclavos para la industria de armamento, las minas, las canteras, los ferrocarriles. Como peligro, debían ser eliminados; como esclavos, debían sobrevivir con el menor coste.

El segundo término de esta contradicción mayor se veía reforzado por la actitud ambigua de Himmler, jefe supremo de la totalidad del sistema. En efecto, al *Reichsführer*-SS se le metió en la cabeza, a finales del verano de 1944, que aquellos 714.000 deportados, de los que aproximadamente un tercio eran judíos, podían proporcionarle un elemento de negociación política ante los Aliados y el «judaísmo mundial». Por tanto, solo dio órdenes, a menudo verbales, vagas y contradictorias—excepto la tardía del 14 de abril de

1945—, que, como era bastante habitual en el sistema nazi, dejaban una gran libertad de decisión a las autoridades locales, de las que en las altas esferas se tenía constancia de su lealtad, eficacia, motivación ideológica y... radicalidad.

El problema que se le planteaba a la dirección de las SS, pero también a las de la Gestapo y el partido nazi, era el siguiente: ¿qué hacer con los detenidos si los campos llegaban a estar amenazados por los Ejércitos aliados? Hitler ordenó que ningún deportado cayera vivo en manos del enemigo. Pero ninguna orden por escrito de Himmler o de sus adjuntos pedía la liquidación pura y simple de la población concentracionaria. Las que han llegado hasta nosotros indican, al contrario, que se debía proceder a su evacuación en condiciones aceptables hacia los campos situados en el interior del Reich, donde se la intentaría emplear en el esfuerzo de guerra. Y, sin embargo, la evacuación de los campos se saldará con marchas de la muerte que causarán el fallecimiento en condiciones abominables de, al menos, 250.000 deportados, más probablemente 300.000, en los cinco últimos meses de la guerra; es decir, aproximadamente la cuarta parte del total de defunciones registradas por la administración de los campos desde 1933. Se trata de una paradoja reconocida y asumida por un sistema para el que el exterminio y la explotación no eran conceptos antinómicos.

Los historiadores se han interesado tardíamente en las marchas de la muerte. Muchos, al no ver en ellas más que la continuación de la Shoah por otros medios, no les han atribuido un carácter específico. Sin embargo, no se trata del mismo fenómeno. Por un lado, porque los judíos no fueron las únicas víctimas de las ejecuciones, ni siquiera las víctimas preferentes; por otro, porque no es posible discernir una voluntad *a priori* de eliminar a los deportados.

«Marcha de la muerte» es un término genérico que designa la caótica evacuación de los deportados en 1945, en columnas a pie, pero también en tren y, con menor frecuencia, en camiones; las modalidades del transporte podían combinarse. No es posible describir una «marcha tipo». Hubo miles, todas diferentes, que agrupaban desde unos cientos hasta decenas de miles de deportados. Algunas columnas marchaban durante cinco horas hasta la estación más cercana, otras recorrían a pie seiscientos kilómetros, incluso setecientos, antes de llegar a su destino, otro campo de concentración. Unas marchas solo dejaban tras ellas menos del cinco por ciento de muertos, otras el ochenta por ciento.

Prisioneros camino del campo de Dachau (29 de abril).

Los deportados a los que se transportaba en tren morían de frío, de sed, de debilidad, o por aplastamiento en vagones cerrados en los que se hacinaban entre ochenta y ciento veinte personas para trayectos que duraban entre tres días y tres semanas. Los que marchaban a pie eran ejecutados con un disparo en la cabeza por sus guardianes cuando caían por agotamiento, intentaban fugarse o se detenían con demasiada frecuencia a causa de la disentería. También hay que integrar en la matanza las ejecuciones que tenían lugar antes de las marchas: se eliminaba a los individuos a los que se consideraba políticamente peligrosos, sobre todo a los prisioneros soviéticos, cuya sublevación se temía, y con gran frecuencia a los enfermos y a los más débiles. En las últimas semanas, entre 5.000 y 6.000 deportados fueron gaseados de ese modo en Ravensbrück y otros tantos en Sachsenhausen. En Neuengamme mataron con inyecciones a 8.000 enfermos.

Para comprender los mecanismos que intervinieron en esta hecatombe debe tenerse en cuenta la situación concreta de cada campo, es decir, las circunstancias locales, pero también la naturaleza del sistema nazi y de ciertas representaciones mentales de la sociedad alemana. Las evacuaciones tuvieron lugar en el último momento, cuando los Ejércitos aliados se acercaban rápidamente. El comandante del campo, responsable de la evacuación, no podía conseguir suficientes víveres para el camino, por no hablar de ropa o calzado. Las más de las veces tampoco dispondrá de los vagones solicitados. Además, no se preocupará del asunto, ya que el traslado propiamente dicho quedaba fuera de su parcela de competencia.

Las columnas que se movían reunían a hombres y mujeres con uniforme de rayas, esqueléticos, tiritando de frío, a menudo con los pies desnudos en sus zuecos de madera. ¿Qué hacer con los detenidos demasiado débiles para abandonar el campo? En Auschwitz, 8.000 se quedaron en el campo y fueron liberados por el Ejército Rojo. En otros campos, fueron asesinados pura y simplemente por decisión del comandante o del *Gauleiter,* que hicieron uso en un sentido radical de la autonomía de decisión que se les había concedido. Por último, tercer caso, los enfermos fueron enviados en tren al gigantesco moridero a cielo abierto de Bergen-Belsen, devastado por el tifus.

Liberación de Auschwitz: lo que los soldados del Ejército Rojo se encontraron allí.

Los guardias, aterrorizados ante la idea de caer en manos de los Aliados y de sus prisioneros liberados, tenían interés en apretar el paso. Eran ellos quienes tomaban la iniciativa de ejecutar a los rezagados por cientos y por miles. Por su parte, los alcaldes de los pueblos que atravesaban —o bien otra autoridad nazi local— temían ver a los deportados alojados en su territorio; temían los robos, la contaminación, la llegada de los Aliados. A menudo negaban refugio y alimentos. En decenas de casos, cuando los Aliados estaban demasiado cerca, se ejecutaba en masa a los detenidos y se los quemaba en los graneros, como en Gardelegen, o se les segaba la vida con ametralladoras, como en Palmnicken.

A diferencia de la Shoah, los asesinatos de miles de deportados a lo largo de los caminos se cometieron a la vista de la población alemana. Algunos espectadores intentaron ayudar a los que caían. Pero el caso más habitual era la participación en la vigilancia de los deportados y en la persecución de los evadidos. Miembros de la Volkssturm, de las Juventudes Hitlerianas, policías, miembros del partido, de las SA, soldados de la Wehrmacht, a veces simples campesinos organizaban la caza del hombre y daban muerte ellos mismos a los que eran capturados. El miedo, el odio, el desprecio, el racismo, la necesidad de venganza, todo se conjugaba para hacer cómplices, tanto como espectadoras, a las comunidades que atravesaban las marchas de la muerte.

La puesta en escena de la derrota

Con la excepción de la «crisis» pasajera del 22 de abril de 1945, Hitler dijo y repitió a todos aquellos que lo frecuentaban su certeza de una salida favorable al conflicto con la condición expresa de continuar el combate con completa determinación. Para mantener la esperanza utilizó sucesivamente la ofensiva de las Ardenas, las armas secretas ya desplegadas o por venir, y, más adelante, la fragmentación de la coalición enemiga. En los últimos cien días, la cuestión del «punto de inflexión de la guerra» es tan obsesivo, está tan alejado de la relación de fuerzas sobre el terreno que la mayoría de los biógrafos han llegado a la conclusión de una pérdida patológica del sentido de la realidad. A su juicio, Hitler creía *realmente* en la posibilidad de escapar de una derrota total.

Esta tesis tradicional choca con una serie de argumentos. Varios testimonios sólidos aseguran que Hitler no creía desde hacía tiempo en la victoria militar. Su principal consejero en este campo, el general Jodl, así lo confirmó en la prisión en la que estaba en Núremberg en 1946: «Ningún hombre en el mundo pensó y supo antes que Hitler que la guerra estaba perdida»[63]. Llegó al convencimiento del fracaso militar como muy tarde en septiembre de 1942, cuando el petróleo de Bakú quedó fuera del alcance de sus ejércitos. Más que sus generales —que solo pensaban en términos operativos y a los que procuraba mantener al margen de toda reflexión estratégica—, Hitler entendió plenamente la evolución de la relación de fuerzas en favor de los Aliados. Sin embargo, continuó la guerra y solo la guerra, excluyendo toda actividad diplomática, cualquier apertura política que hubiera permitido también, por ejemplo, abrir una grieta en la coalición de sus enemigos, cuya fragilidad percibió. Mejor, el Reich solo movilizó plenamente su economía a partir de 1943, es decir, cuando sus dirigentes sabían que ya no podían ganar, con independencia del nivel de su esfuerzo. El comienzo de la «guerra total» en 1943 solo fue, por tanto, el comienzo de una carrera hacia el abismo.

¿Qué motivos pudieron impulsar a Hitler a continuar la lucha de manera tan obstinada cuando sabía que la derrota militar era inevitable?

El primero tiene que ver con el papel fundamental que desempeñaban los judíos en su visión política. Detrás de Moscú, Londres y Washington solo había un enemigo, el «judaísmo mundial». Hitler le declaró específicamente la guerra en su discurso[64] del 30 de enero de 1939 y repitió lo que entendía por ello hasta cinco veces en 1942, el año en que se aceleró la Shoah[65]. La resistencia de los ejércitos alemanes después de Stalingrado sirvió también, y quizá, ante todo, para ganar tiempo para alimentar las cámaras de gas. El exterminio de los judíos de Europa fue una victoria de sustitución. Según la lógica radical de Hitler, presentaba otras ventajas. Si los judíos movían los hilos en Londres, Washington y Moscú, no serviría de nada intentar una paz de conciliación con los Aliados: el judaísmo no perdonaría jamás la Shoah. Y tanto mejor, porque Hitler era incapaz de pensar en un gesto diplomático en posición de debilidad. Además, el exterminio servía para unir en el crimen a los alemanes en torno a su Führer. Nunca se lucha tan bien ni durante tanto tiempo como cuando se han «cortado los puentes detrás»[66], escribirá Goebbels.

La segunda causa de la obstinación de Hitler en continuar la guerra tiene que ver con su «sistema operativo mental», codificado por la doctrina del pensador militar prusiano Clausewitz, por una parte, y por la derrota de 1918, por otra. Clausewitz no es más que el teórico riguroso cuyos aforismos concisos siguen haciendo las delicias de los estrategas. También es un patriota exaltado que pone en el lugar más elevado la resistencia a ultranza, «hasta la última gota de sangre», la muerte en el combate, el sacrificio voluntario que asegura «el renacimiento del pueblo» después de la derrota[67]. Hitler lo leyó continuamente desde su juventud y lo citaba cada dos por tres, incluso en su último escrito, el testamento político. Además, la «rendición vergonzosa» del 11 de noviembre de 1918 y sus consecuencias bloquearon en Hitler toda idea de deponer las armas mientras quedaran armas. No cabía esperar ninguna piedad del adversario. Como en el otoño de 1918, los simples rumores de armisticio solo podían conseguir embotar la voluntad de luchar de los soldados y la capacidad de resistencia de la población civil.

La tercera razón que tenía Hitler para continuar la guerra en contra de toda racionalidad militar fue puesta de relieve por el historiador alemán Bernd Wegner[68] en un artículo de gran repercusión publicado hace veinte años.

A su juicio, en cuanto se dio cuenta de la imposibilidad de ganar por las armas, Hitler se esforzó en ganar otra batalla: la de la posteridad. Con este fin, durante los dos últimos años del conflicto puso literalmente en escena la desaparición del Reich. La coregrafió como una ópera, escribe Wegner. Quería convertirla en un episodio heroico que «transforma a los muertos en héroes, el duelo en orgullo y las derrotas en victorias»[69]. Esta teatralización se presentó en un discurso de Göring difundido por la radio el 30 de enero de 1943, cuando la resistencia alemana en Stalingrado tocaba a su fin:

> Conocemos el canto poderoso, heróico, de un combate sin par, el de los nibelungos. Ellos también se hallaban en una sala de fuego y de incendio y saciaban su sed bebiendo su propia sangre, pero luchaban y seguían luchando, hasta el último. Un combate semejante sigue resonando y, dentro de mil años, cada alemán pronunciará con un escalofrío el nombre de Stalingrado, y se acordará de que fue ahí donde Alemania, al final, puso el sello de la victoria final[70].

Todas las declaraciones de Hitler en relación con la victoria final han de interpretarse no como su creencia personal, sino como una exhortación calculada a aguantar, a luchar, a no perder la fe en la victoria. Para unir el destino del pueblo alemán al suyo hasta el fondo del abismo representó la comedia del optimismo, flirteó con lo irracional, haciendo valer sin cesar sus vínculos misteriosos con la Providencia. Si bien el cinismo de Hitler parece monstruoso, su puesta en escena de la derrota no es más que un truco de propaganda destinado a mantener la moral.

Bernd Wegner observa que Hitler se basaba en cierta tradición romántica alemana cuyas creencias estaban muy extendidas e interiorizadas en la generación nacida a finales del siglo XIX. La guerra —es decir, la victoria, pero aún más la derrota— es una santificación, porque da sentido a la existencia mediante el sacrificio libremente consentido del individuo por su pueblo. Este idealismo autodestructor, esta religión estetizada de la guerra, tan chocantes hoy en día, se encontrarán sin dificultad en las obras de Ernst Jünger o de Ernst von Salomon, en el sacrificio de la juventud estudiantil en Langemark en 1914 y en el «manual de las ciencias militares modernas», catecismo de los oficiales de la Wehrmacht, donde se puede leer: «Incluso el ataque sin esperanza de victoria puede encontrar su justificación como último acto desesperado, que conduce a un final heroico antes que a una capitulación ignominiosa»[71].

Hitler se definió en *Mein Kampf* como hombre político y profeta. Como hombre político, fracasó. Pero la puesta en escena del desastre puede darle la victoria como profeta que ofrece su resistencia y la del Reich como ejemplo a las generaciones futuras, como dicta a su secretaria veinticuatro horas antes de su muerte:

> Del sacrificio de nuestros soldados y de mi solidaridad con ellos hasta la muerte saldrá una semilla que, de una manera o de otra, conducirá [...] a un renacimiento resplandeciente del movimiento nacionalsocialista y, en consecuencia, a la realización de una verdadera comunidad popular.

Hitler, artista fracasado, que en su juventud intentó escribir una continuación de las óperas de Wagner[72], quiso convertir su final en una obra de arte edificante y apocalíptica, sombría y desesperada. Para ello no dudó ni por un instante en sacrificar a millones de alemanes y europeos.

La ciudad de Berlín destruida tras la guerra.

Conclusión

La Segunda Guerra Mundial en Europa terminó como había comenzado: según la voluntad de Hitler. Él fue quien dictó el comienzo al atacar Polonia el 1 de septiembre de 1939, aunque pensaba que podría circunscribir el conflicto. Él fue quien decidió su final, dentro de los límites que permitía la situación militar: la guerra acabará con la derrota total de sus últimos regimientos, y estos lucharán mientras el Führer disponga de los medios materiales para imponer su voluntad. Hitler decidió también el lugar del desenlace: Berlín. Habría podido hacer durar un poco más los combates mientras preparaba activamente el reducto alpino, cuando eso aún era posible. Pero eligió el final colectivo «grandioso», para su renombre póstumo, de la batalla de Berlín.

A su propio final no se decidió hasta el último momento, muy poco antes de la aparición, el 2 de mayo de 1945 a las 15.00 horas, de los soldados soviéticos en el búnker de la cancillería. Es cierto que, sobre el terreno, las operaciones militares se prolongarían aún durante una semana después de su muerte y, *de iure,* el régimen sobrevivirá hasta el 23 de mayo en forma de gobierno de un Dönitz refugiado en Flensburg. Pero la evidencia está ahí: una vez desaparecido Hitler, nada obligaba a los jefes militares y al pueblo alemanes a continuar el combate. La voluntad de luchar hasta la última gota de sangre era su firme voluntad.

Tras su desaparición, el resorte se destensa, todo se detiene rápidamente. Las unidades emplazadas frente a los soviéticos huyen con sus últimos litros de gasolina hacia los campos de prisioneros norteamericanos y británicos. Al frente del Estado, del partido, del Ejército, de las SS y de la Gestapo, los que no se suicidan se rinden, se esconden o huyen. Los movimientos de resistencia, como el Werwolf, no tardan en aparecer como un farol de la propaganda. El régimen, el partido, la totalidad de las instituciones naufragan.

La propia noticia de la muerte de Hitler no provoca la conmoción que cabía esperar. La población la recibe con alivio o indiferencia. Para ella, en las últimas semanas, el Führer no era más que un fantasma. De hecho, no había control sobre un aparato de Estado, un partido y un Ejército en vías de desintegración. Pero todos sabían que él estaba allí, y eso era suficiente para que *en su nombre* se continuara matando y muriendo. Lo más extraño sigue siendo la caída: de forma casi instantánea, el Führer y el nazismo, uno objeto de un culto inaudito, el otro de una adhesión masiva, se hundieron en el pasado.

Los últimos cien días Hitler son un momento importante de la historia europea y, sobre todo, alemana. No solo porque vieron morir a unos tres millones de seres humanos sacrificados por la megalomanía de un hombre y la criminalidad exacerbada de un régimen acorralado. Lo importante es saber *quiénes* eran esos muertos de última hora. En el lado de los Aliados cayeron 400.000 soldados soviéticos y 40.000 occidentales[1], a los que hay que añadir entre 400.000 y medio millón de deportados y detenidos políticos y raciales. Los dos millones restantes, es decir, dos tercios, eran alemanes: 1,4 millones de soldados, 400.000 refugiados del este, entre 100.000 y 200.000 víctimas de los bombardeos. Este nivel de violencia y de muerte sin precedentes causó una conmoción extrema en los alemanes, hasta el punto de transformar la percepción que tenían del nazismo y de ellos mismos.

Nunca en la historia un país ha sido deshecho de forma tan completa. Pero tampoco nunca un pueblo había caído hasta ese punto en una criminalidad masiva, renegando de las raíces mismas de la civilización europea. Nunca un nombre ha sido tan odiado como el de Alemania. Millones de alemanes participaron en la explotación de los países ocupados, cientos de miles sacaron provecho de la expropiación de los judíos, generaciones enteras vieron cómo se les abrían carreras profesionales y aparecían oportunidades, sobre todo en el este de Europa, tierra prometida para la colonización más brutal. Así, en enero de 1944, 472.000 ciudadanos alemanes prosperaban en el territorio de la antigua Polonia en detrimento de una población local transformada en ilotas a la vista de todo el mundo. Millones de soldados de la Wehrmacht, cientos de miles de elementos de las SS y policías participaron en los exterminios, en las represiones, en las acciones antiguerrilleras que causaron la muerte de más de doce millones de hombres, mujeres y niños. Por último, el pueblo alemán no hizo nada por la desaparición de un régimen abominable, no hizo nada por su liberación. No se rebeló como en 1918. Acción por la Libertad de Baviera solo movilizó a unas decenas de personas, más valientes y memorables si cabe, como lo fueron los conjurados del 20 de julio de 1944, cuyo fracaso fue un día de duelo para Europa. Los alemanes sufrieron, pasivos y resignados, invirtiendo toda su energía en sobrevivir individualmente. Fue la derrota total, el hundimiento espectacular de la Wehrmacht, la ocupación completa por cuatro ejércitos extranjeros lo que aniquiló el Tercer Reich. ¿Cómo reconstruirse psicológicamente cuando pesan semejantes cargas?

La respuesta se encuentra implícita en la crónica de las páginas precedentes. En su agonía, el régimen nazi se radicalizó y se volvió contra su propio pueblo. Envió al matadero a decenas de miles de niños y viejos movilizados en la Volkssturm. Reprimió como nunca a civiles y militares, fusilando o ahorcando a miles de sus compatriotas. Hasta el punto de que, desde enero hasta mayo de 1945, numerosos alemanes llegaron a temer a su propio régimen más que a sus enemigos. La continuación de una lucha evidentemente perdida, el comportamiento a menudo poco ejemplar de los responsables nazis condujeron, en unos meses, a la desintegración del apoyo popular al régimen. La mayoría dejó de identificar el nazismo con la recuperación económica, con la liquidación del tratado de Versalles y con cierta solidaridad nacional; en muy poco tiempo y con diez años de retraso, se convirtió en sinónimo de asesinato y de arbitrariedad. Los discursos de Hitler y de Goebbels estaban cada vez más reñidos con las aspiraciones de los alemanes: el régimen pedía el sacrificio y la continuación de la guerra; el pueblo, en su inmensa mayoría, quería sobrevivir a la adversidad y solo aspiraba a la paz, a cualquier paz.

En términos generales, a diferencia del periodo posterior a la Primera Guerra Mundial, los alemanes, después de 1945 no evaluarán positivamente la experiencia de la guerra. Se devaluará abruptamente todo aquello que se valoraba en la década de 1920: la gloria militar, el sacrificio redentor, el igualitarismo del frente. El espectáculo de la mendicidad y, más tarde, de la total desintegración de la Wehrmacht a finales de marzo de 1945 no es ajeno a ello.

Aún más que la violencia interna en el Reich, dos grandes traumas convirtieron al pueblo verdugo en pueblo que se autoproclamaba víctima. En el oeste, los bombardeos aéreos, su carácter abiertamente terrorista, la inaudita magnitud de la destrucción —1.000 ciudades destruidas entre el diez y el noventa por ciento, treinta millones de personas afectadas, cerca de 350.000 muertos civiles— hicieron pasar a segundo plano las complicidades y los compromisos, las colaboraciones y la indiferencia ante los crímenes cometidos en otros lugares por un régimen que actuaba en nombre del pueblo alemán. En el este, la huida desesperada de millones de prusianos, silesianos, pomeranos, la venganza salvaje del Ejército Rojo, los trece millones de expulsados de la posguerra surtieron el mismo efecto. Después del baño de sangre de los últimos cien días, era infinitamente más fácil distanciarse del nazismo y sus crímenes, volver al seno del mundo civilizado, alegando los muertos de Dresde y el calvario de los prusianos, de los soldados ahorcados a lo largo de los caminos y los cientos de miles de deportados en la Unión Soviética.

Hitler quiso un sacrificio colectivo heroico para estimular el nacimiento de héroes futuros más duros, más agresivos, todo para la preparación de la segunda revancha. En lugar de ello, dejó tras él una población sometida a los vencedores, dócil, pacifista y una de las más antimilitaristas que existen. Si el hundimiento de 1918 politizó y polarizó al máximo a Alemania, el de 1945 condujo a un repliegue a la esfera individual. La Alemania del año cero tenía la impresión de que los cien últimos días de Hitler habían blanqueado los doce años precedentes. Esta ilusión y la amnesia que la acompañaba y se nutría de ella se prolongarán hasta las décadas de 1950 y 1960. Más que todos los planes Marshall, ayudará a las dos Alemanias —con revestimientos ideológicos diferentes— a pasar página y a acometer rápidamente la reconstrucción. Antes de que la generación siguiente volviera a pesar en una balanza más justa el sufrimiento alemán de los cien últimos días y los sufrimientos infligidos a los europeos durante seis años.

Notas

Introducción

[1] Hans Schwarz, citado por Peter Gosztony en *Der Kampf um Berlin 1945 in Augenzeugenberichten,* Karl Rauch Verlag, Düsseldorf, 1970, pág. 203.

[2] Heinz Linge, *Bis zum Untergang. Als Chef des persönlichen Dienstes bei Hitler,* Winkelried, Dresde, 2011, pág. 158.

[3] Véase Elke Frölich (ed.), *Als die Erde brannte. Deutsche Schicksale in den letzten Kriegstagen,* Knaur Taschenbuch Verlag, Múnich, 2005, págs. 79 y sigs.

[4] Los investigadores del United States Holocaust Memorial Museum de Washington han contabilizado 42.500 centros de detencion de todo tipo (prisiones, campos de concentración, de trabajo forzado, de exterminio, de reeducación, *Stalags, Oflags,* guetos, etc.). Se puede calcular, sin riesgo de error, que al menos la mitad estaban en el territorio del Gran Reich.

Enero de 1945. Día 105-Día 89

[1] Guderian era en realidad coronel general, pero para simplificar hemos reflejado como «general» las graduaciones alemanas de mayor general, teniente general, general de infantería y coronel general.

[2] De este medio millón de hombres y mujeres uniformados, solo doscientos cincuenta mil son combatientes. Disponen de doscientos cincuenta carros de combate y cañones de asalto y de 170 aviones, un total modesto.

[3] Albert Speer, *Erinnerungen,* Ullstein, Fráncfort del Meno, 1969, pág. 428 (trad. cast.: *Memorias,* Acantilado, Barcelona, 2002).

[4] Percy Schramm (ed.), *Die Niederlage 1945. Aus dem Kriegstagebuch des Oberkommandos der Wehrmacht,* DTV Dokumente, Múnich, 1962, págs. 244 y 254.

[5] Citado en Walter Kempowski, *Das Echolot. Fuga furiosa. Ein kollektives Tagebuch. Winter 1945,* Btb Verlag, Múnich, 2004, tomo II, págs. 464 y 465.

[6] Heinz Guderian, *Panzer Leader,* Da Capo Press, Nueva York, 2002, pág. 397.

[7] *Musmanno Papers,* audición en Núremberg el 25 de febrero de 1948, Gumberg Library digital Collections.

[8] Ernst Klee, *Das Personenlexikon zum Dritten Reich,* Fischer Verlag, Fráncfort del Meno, 2003.

[9] Al término del balance de situación del 16 de enero, Speer ya había entregado a Hitler un memorándum en el que explicaba que la pérdida de la cuenca industrial silesiana, a la que se acercaba el Ejército Rojo, ocasionaría «un rápido hundimiento económico».

[10] Elke Fröhlich (ed.), *Die Tagebücher von Joseph Goebbels,* tomo II: *Diktate 1941-1945,* vol. 15: *Januar-April 1945,* K. G. Saur, Múnich, 1995, págs. 149 y 150.

[11] En Heike B. Görtemaker, *Eva Braun. Una vida con Hitler,* Debate, Barcelona, 2012.

[12] El *Gauleiter,* jefe regional del partido nazi, tenía competencia en todas las cuestiones políticas en su circunscripción, el *Gau.* En 1941, el territorio del Reich tenía 43 *Gaue.* A partir de 1943, las atribuciones del *Gauleiter* aumentarán en todos los ámbitos, especialmente a costa de la Administración del Estado y del Ejército. Es el engranaje esencial del Tercer Reich.

[13] Elke Fröhlich (ed.), *Die Tagebücher von Joseph Goebbels,* ob. cit., entrada del 13 de octubre de 1935.

[14] Percy Schramm (ed.), *Die Niederlage 1945,* ob. cit., pág. 179.

[15] Elke Fröhlich (ed.), *Die Tagebücher von Joseph Goebbels,* t. II, vol. 15, ob. cit., pág. 188.

[16] Ibíd., pág. 190.

[17] Max Domarus, *Hitler. Reden 1932 bis 1945,* R. Löwit, Wiesbaden, 1973, vol. 4, págs. 2.190 y 2.191.

[18] A principios de 1944, Hitler inventó el concepto de *Festungen,* las «fortalezas». Se trataba de fortificar determinadas ciudades clave situadas en el Frente Oriental, que los rusos debían tomar necesariamente, por razones logísticas, si querían esperar avanzar hacia el oeste. El comandante de fortaleza era nombrado con plenos poderes, responsable en su nombre del mantenimiento de la resistencia a ultranza, incluso después de haber sido sitiada, hasta que un contraataque liberase a los asediados. Al no existir después del verano de 1944 los medios para contraatacar, la resistencia de las ciudades-fortalezas adopta necesariamente un carácter desesperado y suicida.

[19] Citado en Walter Kempowski, *Das Echolot. Fuga furiosa,* ob. cit., t. II, pág. 141.

[20] Elke Fröhlich (ed.), *Die Tagebücher von Joseph Goebbels,* t. II, vol. 15, ob. cit., págs. 192-201.

[21] Citado en Walter Kempowski, *Das Echolot. Fuga furiosa,* ob. cit., t. II, pág. 252.

[22] Elke Fröhlich (ed.), *Die Tagebücher von Joseph Goebbels,* t. II, vol. 15, ob. cit., pág. 199.

[23] Percy Ernst Schramm (ed.), *Kriegstagebuch des OKW, 1940-1945,* t. II, Bernard & Graefe Verlag, Múnich, 1982, pág. 1.036.

[24] Heinz Guderian, *Panzer Leader,* ob. cit., pág. 404.

[25] Albert Speer, *Erinnerungen,* ob. cit., págs. 430-431 (trad. cast.: *Memorias,* ob. cit.).

[26] Martin Moll (ed.), *Führer-Erlasse. 1939-1945,* Nikol Verlag, Hamburgo, 2011, pág. 479.

[27] Citado por Jürgen Thorwald, *Es begann an der Weichsel,* Bertelsmann Lesering, Gütersloh, 1959, pág. 157 (trad. cast.: *Comenzó en el Vístula y terminó en el Elba,* Caralt, Barcelona, 1966).

[28] Citado por Sven Keller, *Volksgemeinschaft am Ende,* Oldenbourg, Múnich, 2013, pág. 333.

[29] Elke Fröhlich (ed.), *Die Tagebücher von Joseph Goebbels,* t. II, vol. 15, ob. cit., pág. 235.

[30] Ibíd., pág. 240.

[31] Helmut Heiber (ed.), *Lagebesprechungen im Führerhauptquartier 1942-1945,* Deutsche Buch-Gemeinschaft, Berlín, Darmstadt, Viena, 1962.

[32] Mark Spoerer, «NS-Zwangsarbeiter im deustchen Reich», *Vierteljahrshefte für Zeitgeschichte,* núm. 49, 2001, pág. 674.

[33] Elke Fröhlich (ed.), *Die Tagebücher von Joseph Goebbels,* t. II, vol. 15, ob. cit., págs. 252-255.

[34] Testimonio de Odd Nansen, citado en Walter Kempowski, *Das Echolot. Fuga furiosa,* ob. cit., t. III, pág. 150.

[35] Elke Fröhlich (ed.), *Die Tagebücher von Joseph Goebbels,* t. II, vol. 15, ob. cit., págs. 262-265.

[36] En Wilfred von Oven, *Finale Furioso. Mit Goebbels bis zum Ende,* Grabert Verlag, 1974, Tubinga, pág. 557.

[37] Elke Fröhlich (ed.), *Die Tagebücher von Joseph Goebbels,* t. II, vol. 15, ob. cit., págs. 272 y 273.

[38] Albert Speer, *Erinnerungen,* ob. cit., pág. 431 (trad. cast.: *Memorias,* ob. cit.).

[39] Elke Fröhlich (ed.), *Die Tagebücher von Joseph Goebbels,* t. II, vol. 15, ob. cit., págs. 291.

[40] Max Domarus, *Hitler. Reden 1932 bis 1945,* vol. 4, ob. cit., págs. 2.195-2.198. Goebbels y la mayoría de los contemporáneos indican las 22.00 o las 22.15 como hora de difusión. Bormann, en su diario, escribe 19.15.

[41] Alexander Werth, *La Russie en guerre,* Stock, París, 1964, t. 2, pág. 274 (trad. cast.: *Rusia en la guerra (1941-1945),* Grijalbo, Barcelona, 1967).

[42] Citado en Walter Kempowski, *Das Echolot. Fuga furiosa,* ob. cit., t. III, pág. 141.

[43] Por Todopoderoso, Hitler entiende la Providencia, una noción que, en su caso, no tiene nada que ver con el Dios de los cristianos.

[44] Testimonios de Hans Georg von Studnitz y Hans Grabau, en Walter Kempowski, *Das Echolot. Fuga furiosa,* ob. cit., t. III, págs. 312, 317 y 318.

[45] Bokov, *Viesna pobiedy i osvobodjdenia,* pág. 85. Citado en Jean Lopez, *Berlin. Les ofensives géantes de l'Armée rouge: Vistule, Oder, Elbe (12 janvier-9 mai 1945),* Economica, París, 2010.

[46] Walter Kempowski, *Das Echolot. Fuga furiosa,* ob. cit., t. III, págs. 230 y 231.

[47] Ernst Günther Schenck, *Patient Hitler. Eine medizinische Biographie,* Bechtermünz Verlag, Augsburgo, 2000.

[48] El doctor Schenck, en su obra *Patient Hitler* (ob. cit.), no ve Pervitine en la Vitamultine, a diferencia del biógrafo de Hitler Werner Maser, que habla de «dosis masivas». Véase Werner Maser, *Adolf Hitler. Das Ende der Führerlegende,* Moewig, Múnich, 1982, pág. 326 (trad. cast.: *Hitler,* Acervo, Barcelona, 1995).

[49] Ernst Günther Schenck, *Patient Hitler,* ob. cit., pág. 192.

[50] Ellen Gibbels, «Hitlers Nervenkrankheit. Eine neurologischpsychiatrische Studie», *Vierteljahrshefte für Zeitgeschichte,* núm. 42, cuaderno 2, 1994, págs. 155-220.

[51] Rüdiger Overmans, *Deutsche militärische Verluste im Zweiten Weltkrieg,* Oldenbourg, Múnich, 2004, pág. 239.

[52] En el oeste, el Grupo de Ejércitos G agrupaba a veintidós divisiones el 24 de marzo de 1945, que totalizan 24.357 hombres en lugar de 200.000. Nueve divisiones tienen una fuerza igual o inferior a la de un batallón (800 hombres). Véase John Zimmermann, *Pflicht zum Untergang. Die deutsche*

Kriegführung im Westen des Reiches 1944/45, Schöningh, Paderborn, 2009, pág. 305.

[53] Ibíd.

[54] Rudolf Herzog, *Heil Hitler, Das Schwein ist tot! Lachen unter Hitler,* Eichborn Verlag, Fráncfort del Meno, 2006.

[55] Fritz Wüllner, *Die NS-Militärjustiz und das Elend der Geschichtsschreibung. Ein grundlegender Forschungsbericht,* Nomos Verlag, Baden-Baden, 1996.

[56] En Volker Koop, *Martin Bormann. Hitlers Vollstrecker,* Böhlau Verlag, Colonia, 2012, pág. 270.

Febrero de 1945. Día 88-Día 61

[1] Citado en Earl Ziemke, *Stalingrad to Berlin,* University Press of Pacific, Honolulu, 2003, pág. 427 (trad. cast.: *De Stalingrado a Berlín. La derrota alemana en el Este,* HRM, Zaragoza, 2021).

[2] En Wilfred von Oven, *Finale Furioso, Mit Goebbels bis zum Ende,* Grabert Verlag, Tubinga, 1974, pág. 566.

[3] Elke Fröhlich (ed.), *Die Tagebücher von Joseph Goebbels, Die Tagebücher von Joseph Goebbels,* tomo II: *Diktate 1941-1945,* vol. 15: *Januar-April 1945,* K. G. Saur, Múnich, 1995, págs. 306 y 307.

[4] Todas las cifras se han tomado de Laurenz Demps (ed.), *Luftangriffe auf Berlin. Die Berichte der Hauptluftschutzstelle 1940-1945,* Ch. Links Verlag, Berlín, 2012.

[5] Lew Besymenski, *Die letzten Notizen von Martin Bormann. Ein Dokument und sein Verfasser,* DVA, Stuttgart, 1974, pág. 106.

[6] Walter Kempowski, *Das Echolot. Fuga furiosa, Ein kollektives Tagebuch. Winter 1945,* Btb Verlag, Múnich, 2004, III, pág. 672.

[7] Elke Fröhlich (ed.), *Die Tagebücher von Joseph Goebbels,* t. II, vol. 15, ob. cit., págs. 320 y 323.

[8] Gerhard Boldt, *Hitler. Die letzten zehn Tage in der Reichskanzlei,* Wilhelm Heyne Verlag, 1979, Múnich, pág. 13 (trad. cast.: *Los últimos diez días de Hitler,* Caralt, Barcelona, 1973).

[9] Albert Speer, *Erinnerungen,* Ullstein, Fráncfort del Meno, 1969, pág. 432 (trad. cast.: *Memorias,* Acantilado, Barcelona, 2002).

[10] Elke Fröhlich (ed.), *Die Tagebücher von Joseph Goebbels,* t. II, vol. 15, ob. cit., pág. 317.

[11] Citado por Andreas Kunz, *Wehrmacht und Niederlage. Die bewaffnete Macht in der Endphase der nationalsozialistischen Herrschaft 1944 bis 1945,* Oldenbourg, Múnich, 2007, págs. 279 y 280.

[12] Citado por Walter Kempowski, *Das Echolot. Fuga furiosa,* ob. cit., t. IV, pág. 64.

[13] Lew Besymenski, *Die letzten Notizen von Martin Bormann. Ein Dokument und sein Verfasser,* DVA, Stuttgart, 1974, pág. 106.

[14] Elke Fröhlich (ed.), *Die Tagebücher von Joseph Goebbels,* t. II, vol. 15, ob. cit., págs. 336 y 337.

[15] Wilfred von Oven, *Finale Furioso. Mit Goebbels bis zum Ende,* Grabert Verlag, Tubinga, 1974, pág. 571.

[16] Citado por Walter Kempowski, *Das Echolot. Fuga furiosa,* ob. cit., t. IV, pág. 219.

[17] Lew Besymenski, *Die letzten Notizen von Martin Bormann,* ob. cit., pág. 107.

[18] Testimonio de Hans Baur, *Mit Mächtigen zwischen Himmel und Erde,* Verlag K. W. Schütz, Oldendorf, 7.ª ed., 1984, pág. 265.

[19] Testimonio de su segunda secretaria, Christa Schroeder, en Albert Zoller, *Hitler privat. Erlebnisbericht seiner Geheimsekretärin,* Droste Verlag, Düsseldorf, 1949, pág. 57.

[20] Albert Speer, *Erinnerungen,* ob. cit., pág. 113 (trad. cast.: *Memorias,* ob. cit.).

[21] Paul Giesler, *Ein anderer Hitler. Bericht seines Architekten Hermann Giesler. Erlebnisse, Gespräche, Reflexionen,* Druffel Verlag, Leoni am Starnberger See, 1977, págs. 479-483.

[22] Klaus Backes, *Hitler und die bildenden Künste,* Du Mont Verlag, Colonia, 1988, pág. 103.

[23] Elke Fröhlich (ed.), *Die Tagebücher von Joseph Goebbels,* t. II, vol. 15, ob. cit., pág. 352.

[24] Ibíd., pág. 357.

[25] Ibíd., págs. 368-371.

[26] Enfado sin duda motivado por el abandono de Budapest.

[27] Elke Fröhlich (ed.), *Die Tagebücher von Joseph Goebbels,* t. II, vol. 15, ob. cit., págs. 377-379.

[28] Heinz Guderian, *Panzer Leader,* Da Capo Press, Nueva York, 2002, págs. 413-415.

[29] Véase Sven Keller, *Volksgemeinschaft am Ende,* Oldenbourg, Múnich, 2013, pág. 86.

[30] Texto (versión estadounidense de origen «Magic») en Hansjakob Stehle, «Deutsche Friedensfühler bei den Westmächten im Februar/März 1945», *Vierteljahrsheft für Zeitgeschichte,* núm. 30, cuaderno 3, 1982, págs. 538-555.

[31] Citado por Christian Hartmann y Johannes Hürter, *Die letzten 100 Tage des Zweiten Weltkriegs,* Droemer Knaur, Múnich, 2005, entrada del 18 de febrero.

[32] Max Domarus, *Hitler. Reden 1932 bis 1945,* vol. 4, R. Löwit, Wiesbaden, 1973, pág. 2.202.

[33] Citado por Sven Keller, *Volksgemeinschaft am Ende,* ob. cit., págs. 161-162.

[34] Véase el análisis detallado en Jean Lopez, *Berlin. Les ofensives géantes de l'Armée rouge: Vistule, Oder, Elbe (12 janvier-9 mai 1945),* Economica, París, 2010, págs. 287 y sigs.

[35] Horst Boog, en Rolf-Dieter Müller (ed.), *Der Zusammenbruch des deutschen Reiches 1945,* vol. 10/1: *Das deutsche Reich und der Zweite Weltkrieg,* DVA, Stuttgart, 2008, pág. 783.

[36] Nicolaus von Below, *Als Hitlers Adjutant, 1937-1945,* Hase & Koehler Verlag, Maguncia, 1980, págs. 402 y 403.

[37] En Ernst Günther Schenck, *Patient Hitler. Eine medizinische Biographie,* Bechtermünz Verlag, Augsburgo, 2000, págs. 403 y 404.

[38] Nicolaus von Below, *Als Hitlers Adjutant, 1937-1945,* ob. cit., pág. 403.

[39] Max Domarus, *Hitler. Reden 1932 bis 1945,* vol. 4, ob. cit., págs. 2.205 y 2.206.

[40] Wilfred von Oven, *Finale Furioso,* ob. cit., págs. 588 y 589.

[41] Datos en Hans Jürgen Eitner, *Hitlers Deutsche. Das Ende eines Tabus,* Casimir Katz Verlag, Gernsbach, 1990, pág. 438.

[42] Elke Fröhlich (ed.), *Die Tagebücher von Joseph Goebbels,* t. II, vol. 15, ob. cit., pág. 384. La desaparición de varias decenas de hojas del texto mecanografiado original del diario de Goebbels explica que no hagamos mención alguna a las visitas a Hitler entre el 13 y el 27 de febrero.

[43] En Heinz Bergschicker, *Deutsche Chronik 1933-1945. Ein Zeitbild der faschistischen Diktatur,* Verlag der Nation, Berlín, 1981, pág. 537.

[44] En Barbara Johr y Helke Sander (eds.), *Befreier und Befreite. Krieg, Vergewaltigung, Kinder,* Fischer Taschenbuch Verlag, Fráncfort del Meno, 2005, pág. 99.

[45] Elke Fröhlich (ed.), *Die Tagebücher von Joseph Goebbels,* t. II, vol. 15, ob. cit., 23 de enero, 6 de febrero de 1945.

Marzo de 1945. Día 60-Día 30

[1] Lew Besymenski, *Die letzten Notizen von Martin Bormann. Ein Dokument und sein Verfasser,* DVA, Stuttgart, 1974, pág. 147.

[2] Hans Schwarz, citado en Peter Gosztony, *Der Kampf um Berlin 1945 in Augenzeugenberichten,* Karl Rauch Verlag, Düsseldorf, 1970, págs. 91-93. Este testimonio procede sin duda de un nazi convencido. Pero muestra que Hitler sigue produciendo su efecto, sigue impresionando a los rangos subalternos con su fabulosa memoria y su obsesión por los detalles.

[3] Rudolf Absolon, *Die Wehrmacht im Dritten Reich,* vol. 6: *19. Dezember 1941 bis 9. Mai 1945,* Harald Boldt Verlag, Boppard am Rhein, 1995, págs. 285 y 286.

[4] Ibíd., pág. 603.

[5] Andreas Kunz, *Wehrmacht und Niederlage. Die bewaffnete Macht in der Endphase der nationalsozialistischen Herrschaft 1944 bis 1945,* Oldenbourg, Múnich, 2007.

[6] Ibíd., pág. 271.

[7] Véase Jean Lopez y Lasha Otkhmezuri, *Joukov, l'homme qui a vaincu Hitler,* Perrin, París, 2013, págs. 316 y 317.

[8] Martin Moll (ed.), *Führer-Erlasse. 1933-1945,* Nikol Verlag, Hamburgo, 2011, pág. 483.

[9] El texto de la circular en Volker Koop, *Martin Bormann. Hitlers Vollstrecker,* Böhlau Verlag, Colonia, 2012, pág. 274.

[10] Elke Fröhlich (ed.), *Die Tagebücher von Joseph Goebbels,* t. II: *Diktate 1941-1945,* vol. 15: *Januar-April 1945,* K. G. Saur, Múnich, 1995, págs. 475-488.

[11] Max Domarus, *Hitler. Reden 1932 bis 1945,* vol. 4, R. Löwit, Wiesbaden, 1973, pág. 2.211.

[12] Ibíd., págs. 2.212 y 2.213.

[13] Véase Rolf-Dieter Müller (ed.), *Der Zusammenbruch des deutschen Reiches 1945,* vol. 10/1: *Das deutsche Reich und der Zweite Weltkrieg,* ob. cit., pág. 784, estimación de Horst Boog.

[14] Circular de Helmuth Friedrich, adjunto de Martin Bormann, del 30 de mayo de 1944. En Volker Koop, *Martin Bormann. Hitlers Vollstrecker,* ob. cit., pág. 266.

[15] Barbara Grimm, «Lynchmorde an alliierten Fliegern in Zweiten Weltkrieg», en Dietmar Süss (ed.), *Deutschland im Luftkrieg: Geschichte und Erinnerung,* Institut für Zeitgeschichte, Oldenburg, 2007, págs. 75 y 76.

[16] Rudolf Absolon, *Die Wehrmacht im Dritten Reich,* vol. 6: *19. Dezember 1941 bis 9. Mai 1945,* Harald Boldt Verlag, Boppard am Rhein, 1995, pág. 871.

[17] En diciembre de 1944, la Wehrmacht contaba con 1.074 oficiales NSFO a tiempo completo y poco más de 47.000 que cumplían esta función, entre otras. Al haber entonces diez millones de hombres con uniforme, había un «oficial nacionalsocialista» por cada doscientos soldados, una dirección política nada desdeñable, pero cuatro veces inferior a la del Ejército Rojo y con medios infinitamente más escasos.

[18] Elke Fröhlich (ed.), *Die Tagebücher von Joseph Goebbels,* t. II, vol. 15, ob. cit., págs. 497-506.

[19] Ibíd., pág. 566.

[20] Sven Keller, *Volksgemeinschaft am Ende,* Oldenbourg, Múnich, 2013, págs. 269 y 270.

[21] Wilfred von Oven, *Finale Furioso. Mit Goebbels bis zum Ende,* Grabert Verlag, Tubinga, 1974, pág. 609.

[22] Elke Fröhlich (ed.), *Die Tagebücher von Joseph Goebbels,* t. II, vol. 15, ob. cit., pág. 522.

[23] Nicolaus von Below, *Als Hitlers Adjutant, 1937-1945,* ob. cit., pág. 404.

[24] Heinrich Schwendemann, «Drastic measures to defend the Reich at the Oder and the Rine… A forgotten memorandum of Albert Speer of 18 March 1945», *Journal of Contemporary History,* núm. 38, 2003, págs. 597-614.

[25] Albert Speer, *Erinnerungen,* Ullstein, Fráncfort del Meno, 1969, pág. 446 (trad. cast.: *Memorias,* Acantilado, Barcelona, 2002).

[26] Martin Moll (ed.), *Führer-Erlasse. 1933-1945,* ob. cit., págs. 489-491.

[27] Ehrenfried Schütte, «Wie die Rote Armee Hinterpommern eroberte», *Wehrwissenschaftliche Rundschau,* vol. 13, núm. 6, 1963, pág. 359.

[28] Las últimas cifras fiables son las del censo del 30 de septiembre de 1944. En esa fecha, había casi 8,5 millones de trabajadores extranjeros presentes en el Gran Reich. Entre 1 y 1,5 millones son voluntarios. Por tanto, entre 7 y 7,5 millones son trabajadores forzados, incluidos los militares italianos «internados» y los prisioneros de guerra. No se incluyen en el cómputo unos 700.000 detenidos de los campos de concentración. Si se cuentan aparte, como lo hace el censo, aproximadamente 1,4 millones de trabajadores con estatuto nacional especial —checos de origen, polacos de Wartheland, etc.— de los 6 millones de trabajadores extranjeros forzados, 2 millones son mujeres y 2,2 millones son *Ostarbeiter,* es decir, soviéticos de origen. Fuente: Mark Spoerer, «NS-Zwangsarbeiter im deustchen Reich», art. cit., págs. 665 y sigs.

[29] Wilfred von Oven, *Finale Furioso,* ob. cit., pág. 623.

[30] Max Domarus, *Hitler. Reden 1932 bis 1945,* vol. 4, ob. cit., pág. 2.217.

[31] Citado por Jürgen Thorwald, *Es begann an der Weichsel,* Bertelsmann Lesering, Gütersloh, 1959, pág. 312 (trad. cast.: *Comenzó en el Vístula y terminó en el Elba,* Caralt, Barcelona, 1966).

[32] Citado por Ernst Günther Schenck, en *Patient Hitler,* ob. cit., págs. 406 y 407.

[33] Elke Fröhlich (ed.), *Die Tagebücher von Joseph Goebbels,* t. II, vol. 15, ob. cit., págs. 602-606.

[34] En Sven Keller, *Volksgemeinschaft am Ende,* ob. cit., pág. 280.

[35] Rudolf Herzog, *Heil Hitler, Das Schwein ist tot! Lachen unter Hitler,* Eichborn Verlag, Fráncfort del Meno, 2006.

[36] Rudolf Absolon, *Die Wehrmacht im Dritten Reich,* vol. 6, ob. cit., pág. 604.

[37] Wilfred von Oven, *Finale Furioso,* ob. cit., pág. 626.

[38] Heinz Boberach (ed.), *Meldungen aus dem Reich,* vol. 17, Pawlak Verlag, Herrsching, 1984, págs. 6.732-6.740.

[39] Elke Fröhlich (ed.), *Die Tagebücher von Joseph Goebbels,* t. II, vol. 15, ob. cit., pág. 639.

[40] Pierre Jardin, *Aux racines du mal. 1918, le déni de la défaite,* Tallandier, París, 2006.

[41] Nos apresuramos a decir que, al contrario de lo que piensa Hitler, la politización de los soldados y la influencia de las huelgas que se producen en la retaguardia no son el factor esencial del hundimiento de la capacidad de combate del ejército de Guillermo II. La decepción que sigue al fracaso de las ofensivas de la primavera de 1918, las elevadas pérdidas y el agotamiento físico desempeñan un papel más importante.

[42] Alusión a la marca distintiva que llevaban los oficiales del estado mayor alemanes, élite del ejército desde el siglo XIX.

[43] «Las fuerzas físicas no son más que el mango de madera, mientras que las fuerzas morales son el metal noble, el arma verdadera, la cuchilla resplandeciente». Carl von Clausewitz, *De la guerre,* Rivages Poche, Payot, París, pág. 181 (trad. cast.: *De la guerra,* La Esfera de los Libros, Madrid, 2005).

[44] Max Domarus, *Hitler. Reden 1932 bis 1945,* vol. 4, ob. cit., págs. 2.171 y 2.172.

[45] En Richard Bessel, *Germany 1945. From War to Peace,* Pocket Books, Londres, 2009, pág. 146 (trad. cast.: *Alemania 1945. De la guerra a la paz,* Ediciones B, Barcelona, 2009).

ABRIL DE 1945. DÍA 29-DÍA 0

[1] El *Kreis,* o círculo, es una subdivisión del *Gau.*

[2] Rudolf Absolon, *Die Wehrmacht im Dritten Reich,* vol. 6, vol. 6: *19. Dezember 1941 bis 9. Mai 1945,* Harald Boldt Verlag, Boppard am Rhein, 1995, pág. 604.

[3] Ibíd., pág. 605.

[4] Comunicado del OKW de 12 de abril de 1945. En Rudolf Absolon, *Die Wehrmacht im Dritten Reich,* vol. 6, ob. cit., pág. 606.

[5] Los dos hechos están tomados de Sven Keller, *Volksgemeinschaft am Ende,* Oldenbourg, Múnich, 2013, págs. 158, 172 y 173.

[6] Ibíd., págs. 398 y 399.

[7] Nicolaus von Below, *Als Hitlers Adjutant, 1937-1945,* Hase & Koehler Verlag, Maguncia, 1980, pág. 408.

[8] Rudolf Absolon, *Die Wehrmacht im Dritten Reich,* vol. 6, ob. cit., pág. 606.

[9] Martin Moll (ed.), *Führer-Erlasse. 1933-1945,* Nikol Verlag, Hamburgo, 2011, págs. 492 y 493.

[10] Texto en Max Domarus, *Hitler. Reden 1932 bis 1945,* vol. 4, R. Löwit, Wiesbaden, 1973, págs. 2.223 y 2.224.

[11] Citado por Sven Keller, *Volksgemeinschaft am Ende,* ob. cit., pág. 141.

[12] Walter Kempowski, *Das Echolot. Abgesang '45. Ein kollektives Tagebuch,* Btb Verlag, 2005, Múnich, pág. 47.

[13] Albert Speer, *Erinnerungen,* Ullstein, Fráncfort del Meno, 1969, pág. 477 (trad. cast.: *Memorias,* Acantilado, Barcelona, 2002).

[14] Walter Kempowski, *Das Echolot. Abgesang '45,* ob. cit., pág. 18.

[15] H. Linge, *Bis zum Untergang,* Winkelried, Dresde, 2011, pág. 264.

[16] Peter Gosztony, *Der Kampf um Berlin 1945 in Augenzeugenberichten,* Karl Rauch Verlag, Düsseldorf, 1970, pág. 202.

[17] Albert Speer, *Erinnerungen,* ob. cit., pág. 477 (trad. cast.: *Memorias,* ob. cit.).

[18] En Elke Fröhlich (ed.), *Als die Erde brannte,* ob. cit., pág. 229.

[19] Christa Schroeder, *Er war mein Chef. Aus dem Nachlass der Sekretärin von Adolf Hitler,* Langen Müller Verlag, Múnich, 1985, pág. 201 (trad. cast.: *Doce años junto a Hitler. Testimonio inédito de la secretaria privada del Führer (1933-1945),* Milenio, Lleida, 2005).

[20] Citado por Walter Kempowski, *Das Echolot. Abgesang '45,* ob. cit., pág. 44.

[21] Traudl Junge, *Dans la tanière du loup. Les confessions de la secrétaire de Hitler,* Tallandier, col. «Texto», París, 2014, pág. 219 (trad. cast.: *Hasta el último momento. La secretaria de Hitler cuenta su vida,* Península, Barcelona, 2003).

[22] Citado por Mario Frank, *Der Tod im Führerbunker,* Siedler, Múnich, 2005, pág. 45.

[23] Lew Besymenski, *Der Tod des Adolf Hitler. Unbekannte Dokumente aus Moskauer Archiven,* Christian Wegner, Hamburgo, 1.ª ed., 1968, pág. 28 (trad. cast.: *La muerte de Hitler,* Caralt, Barcelona, 1970).

[24] Karl Koller, *Der letzte Monat: 14. April bis 27. Mai 1945. Tagebuchaufzeichnungen des ehemaligen Chefs des Generalstabs der Luftwaffe,* Ullstein, Fráncfort del Meno, 1995, pág. 44.

[25] Declaración de Schörner en su interrogatorio por los soviéticos el 10 de mayo de 1947, en *Vermakht. Na sovestskogermanskom fronte,* documentos reunidos por V. S. Khristoforov, Knijnitsa Russki Put, Moscú, 2011, págs. 414-417. Tradución al francés de Lasha Otkhmezuri.

[26] Martin Moll (ed.), *Führer-Erlasse. 1933-1945,* ob. cit., pág. 494.

[27] Nicolaus von Below, *Als Hitlers Adjutant, 1937-1945,* ob. cit., pág. 411.

[28] Percy Ernst Schramm (ed.), *Kriegstagebuch des OKW, 1940-1945,* t. II, Bernard & Graefe Verlag, Múnich, 1982, vol. 8, pág. 107, introducción y notas de Percy Ernst Schramm, pág. 1.454.

[29] En Walter Kempowski, *Das Echolot. Abgesang '45,* ob. cit., pág. 224.

[30] *Agonia i smert Adolfa Gitlera,* Svonnitsa, Moscú, 2000. Interrogatorio de Mohnke por los servicios soviéticos el 18 de mayo de 1945, págs. 173-175. Traducción al francés de Lasha Otkhmezuri.

[31] Nicolaus von Below, *Als Hitlers Adjutant, 1937-1945,* ob. cit., pág. 398.

[32] Véase Günther W. Gellermann, *Die Armee Wenck-Hitlers letzte Hoffnung,* Bernard & Graefe, Bonn, 3.ª ed., 1997.

[33] Citado por Peter Gosztony, *Der Kampf um Berlin 1945 in Augenzeugenberichten,* ob. cit., págs. 233 y 234.

[34] Gueorgui Joukov, *Mémoires,* t. 2, Fayard, París, 1970, pág. 372.

[35] Después de la ocupación del búnker por las tropas soviéticas, el 2 de mayo de 1945, y de la audición de las primeras declaraciones de los testigos del suicidio, Stalin dudará de que Hitler haya muerto. Más tarde mantedrá esta postura, lo que puede explicarse de dos maneras: o bien sabía que Hitler había perecido y decía lo contrario solo para poner en apuros a los occidentales, sospechosos de haber facilitado su huida, o bien su desconfianza patoló-

gica lo cegaba hasta el punto de rechazar las pruebas formales que aportaron sus investigadores.

[36] *Agonia i smert Adolfa Gitlera,* ob. cit., pág. 176.

[37] En Walter Kempowski, *Das Echolot. Abgesang '45,* ob. cit., págs. 169 y 170.

[38] *Der Spiegel,* 1966, en Walter Kempowski, *Das Echolot. Abgesang '45,* ob. cit., págs. 167 y 178.

[39] Max Domarus, *Hitler. Reden 1932 bis 1945,* vol. 4, ob. cit., pág. 2.229.

[40] En Peter Gosztony, *Der Kampf um Berlin 1945 in Augenzeugenberichten,* ob. cit., págs. 302-307.

[41] Las actas de los balances de situación militar de los días 25 y 27 de abril no se encuentran en la publicación clásica de Heiber. Se hallaron más tarde en los archivos británicos y fueron publicadas en *Der Spiegel,* núm. 3, 1966.

[42] En Andreas Kunz, *Wehrmacht und Niederlage,* Oldenbourg, Múnich, 2007, págs. 285 y 286.

[43] Lew Besymenski, *Die letzten Notizen von Martin Bormann,* DVA, Stuttgart, 1974, pág. 230.

[44] Joachim Schultz-Naumann, *Die letzten dreissig Tage. Das Kriegstagebuch des OKW April bis Mai 1945,* Weltbild Verlag, Augsburgo, s. f., págs. 58 y 59.

[45] Interrogatorio de Traudl Junge, *Musmanno Papers* (puede consultarse en la página web de la Duquesne University: http://digital. library.duq. edu:2012/cdm/compoundobject/collection/mussinter/id/848/rec/1). Datamos esta conversación en el día 28, y no en el 25, pues Traudl Junge añade en su interrogatorio que aquel día estaba muy decepcionada por no haber podido despedirse de Hanna Reitsch, lo que excluye el 25 de abril.

[46] Gerhard Boldt, *La Fin de Hitler,* J'ai Lu, París, 1963, pág. 131.

[47] Lew Besymenski, *Die letzten Notizen von Martin Bormann,* ob. cit., pág. 234.

[48] Helmuth Weidling, *Der Endkampf um Berlin,* Wehrwissenschaftliche Rundschau 2/1962, pág. 115.

[49] Hanna Reitsch, *Fliegen, mein Leben,* DVA, Stuttgart, 1951, pág. 302 (trad. cast.: *Volar fue mi vida. Memorias de la piloto de pruebas de la Luftwaffe,* Galland Books, Valladolid, 2009).

[50] Lew Besymenski, *Die letzten Notizen von Martin Bormann,* ob. cit., pág. 230.

[51] Heinz Linge, *Bis zum Untergang,* ob. cit., pág. 275.

[52] *The Testament of Adolf Hitler. The Hitler-Bormann Documents,* Cassel & Company, Londres, 1961, pág. 75.

[53] *Agonia i smert Adolfa Gitlera,* ob. cit., pág. 177.

[54] El último cuadro de fieles está compuesto por el matrimonio Goebbels, Martin Bormann, el general Burgdorf (jefe del servicio de personal del ejército de tierra), el general Krebs (jefe de estado mayor del OKH), Otto Günsche (su ayudante de campo de las SS), el general de la Policía Rattenhuber, el policía de las SS Peter Högl, el *Brigadeführer*-SS Mohnke, el almirante Voss, el médico de las SS Stumpfegger, el secretario de Estado Werner Naumann, el representante del Ministerio de Asuntos Exteriores Walter Hewel, el piloto Hans Baur y su adjunto George Betz, la cocinera Constanze Manziarly, los médicos Haase y Schenck, y Linge y Jakubeck, sus criados.

[55] Citado por *Das Echolot. Abgesang '45,* ob. cit., pág. 223.

[56] Interrogatorio de Weidling por los soviéticos. Traducción al francés de Lasha Otkhmezuri.

[57] En Walter Kempowski, *Das Echolot. Abgesang '45,* ob. cit., pág. 224.

[58] Hans Baur, *Mit Mächtigen zwischen Himmel und Erde,* Verlag K. W. Schütz, Oldendorf, 7.ª ed., 1984, págs. 278 y 279.

[59] Declaración de Voss en su interrogatorio por el servicio de información militar soviético el 7 de mayo de 1945, en *Vermakht. Na sovestsko-germanskom fronte,* documentos recopilados por V. S. Khristoforov, ob. cit., pág. 126. Traducción al francés de Lasha Otkhmezuri.

[60] Citado por Walter Kempowski, *Das Echolot. Abgesang '45,* ob. cit., pág. 223.

[61] Heinz Linge, *Bis zum Untergang,* ob. cit., págs. 278 y 279.

[62] El testimonio de Günsche habla de Eva Braun tendida en el sofá y Hitler sentado a su derecha en un sillón.

[63] Percy Ernst Schramm (ed.), *Kriegstagebuch des OKW, 1940-1945,* t. II, vol. 8, ob. cit., pág. 1.721.

[64] «Hoy quiero hacerme profeta de nuevo: si, en Europa o fuera de Europa, la judería financiera internacional tenía que lograr una vez más arrojar a los pueblos de Europa unos contra otros, el resultado no será la bolchevización del mundo y con ella la victoria de la judería, sino al contrario el exterminio de la raza judía en Europa». En Max Domarus, *Hitler. Reden 1932 bis 1945,* vol. 3, ob. cit., pág. 1.058.

[65] Discursos de Hitler del 1 de enero, 30 de enero, 24 de febrero, 30 de septiembre y 8 de noviembre de 1942.

[66] Elke Fröhlich (ed.), *Die Tagebücher von Joseph Goebbels,* t. II, vol. 7, ob. cit., pág. 454. Entrada del 2 de marzo de 1943.

[67] En *Politischen Schriften und Briefe,* Hans Rothfels (ed.), Múnich, 1922, págs. 85 y 86. Citado por Bernd Wegner, «Hitler, der Zweite Weltkrieg und die Choreographie des Untergangs», *Geschichte und Gesellschaft,* núm. 26, 2000, pág. 513.

[68] Bernd Wegner, «Hitler, der Zweite Weltkrieg und die Choreographie des Untergangs», art. cit., págs. 493-518.

[69] Ibíd., pág. 509.

[70] Véase el texto completo del discurso en Joachim Heinzle y Anneliese Waldschmidt (eds.), *Die Nibelungen,* Suhrkamp, Fráncfort del Meno, 1991, págs. 170-187.

[71] Bernd Wegner, «Hitler, der Zweite Weltkrieg und die Choreographie des Untergangs», art. cit., pág. 516.

[72] Brigitte Hamann, «Hitler and Vienna: the truth about his formative years», en Hans Mommsen (ed.), *The Third Reich between Vision and Reality,* Berg, Oxford, Nueva York, 2002.

Conclusión

[1] El Ejército estadounidense sufrió más pérdidas frente a la Wehrmacht entre octubre de 1944 y marzo de 1945 que durante el resto de la guerra.

Bibliografía

Absolon, Rudolf, *Die Wehrmacht im Dritten Reich,* vol. 6: *19. Dezember 1941 bis 9. Mai 1945,* Harald Boldt Verlag, Boppard am Rhein, 1995.

Agonia i smert Adolfa Gitlera, Svonnitsa, Moscú, 2000.

Arnold, Dietmar, *Neue Reichskanzlei und «Führerbúnker». Legenden und Wirklichkeit,* Weltbild Verlag, Augsburgo, 2005.

Backes, Klaus, *Hitler und die bildenden Künste,* Du Mont Verlag, Colonia, 1988.

Bauer, Yehuda, *Jews for Sale? Nazi-Jewish Negotiations, 1933-1945,* Yale University Press, New Haven, 1994.

Baur, Hans, *Mit Mächtigen zwischen Himmel und Erde,* Verlag K. W. Schütz, Oldendorf, 7.ª ed., 1984.

Below, Nicolaus von, *Als Hitlers Adjutant, 1937-1945,* Hase & Koehler Verlag, Maguncia, 1980.

Bergschicker, Heinz, *Deutsche Chronik 1933-1945. Ein Zeitbild der faschistischen Diktatur,* Verlag der Nation, Berlín, 1981.

Bessel, Richard, *Germany 1945. From War to Peace,* Pocket Books, Londres, 2009 (trad. cast.: *Alemania 1945. De la guerra a la paz,* Ediciones B, Barcelona, 2009).

Besymenski, Lew, *Der Tod des Adolf Hitler. Unbekannte Dokumente aus Moskauer Archiven,* Christian Wegner, Hamburgo, 1ª ed., 1968 (trad. cast.: *La muerte de Hitler,* Caralt, Barcelona, 1970).

— *Die letzten Notizen von Martin Bormann. Ein Dokument und sein Verfasser,* DVA, Stuttgart, 1974.

Biddiscombe, Perry, *Werwolf! The History of the National Socialist Guerrilla Movement 1944-1946,* University of Wales Press, Cardiff, 1998 (trad. cast.: *Los últimos nazis. El movimiento de resistencia alemán, 1944-1947,* Inédita Ediciones, Barcelona, 2005).

Bihl, Wolfdieter, *Der Tod Adolf Hitlers. Fakten und Überlebenslegenden,* Böhlau, Viena, 2000.

Blatman, Daniel, *The Death Marches. The Final Phase of Nazi Genocide,* traducido del hebreo, The Belknap Press of Harvard University Press, Cambridge (Mass.), 2011.

Boberach, Heinz (ed.), *Meldungen aus dem Reich. Die geheimen Lageberichte des Sicherheitsdienstes der SS 1938-1945,* vol. 17, Pawlak Verlag, Herrsching, 1984.

Boldt, Gerhard, *La Fin de Hitler,* J'ai Lu, París, 1963.

— *Hitler. Die letzten zehn Tage in der Reichskanzlei,* Wilhelm Heyne Verlag, Múnich, 1979 (trad. cast.: *Los diez últimos días de Hitler,* Caralt, Barcelona, 1973).

Demps, Laurenz (ed.), *Luftangriffe auf Berlín. Die Berichte der Hauptluftschutzstelle 1940-1945,* Ch. Links Verlag, Berlín, 2012.

Domarus, Max, *Hitler. Reden 1932 bis 1945,* R. Löwit, Wiesbaden, 1973, 4 vols.

Duppler, Jorg, Gross, Gerhard P., (ed.), *Kriegsende 1918. Ereignis, Wirkung, Nachwirkung,* Oldenbourg, Múnich, 1999.

Eberle, Henrik, Uhl, Matthias (ed.), *Le Dossier Hitler. Le dossier secret commandé par Stalin,* Presses de la Cité, París, 2006 (trad. cast.: *El informe Hitler. Informe secreto del NKVD para Stalin, extraído de los interrogatorios a Otto*

Günsche, ayudante personal de Hitler, y Heinz Linge, su ayuda de cámara, Moscú, 1948-1949, Tusquets, Barcelona, 2008).

EITNER, Hans Jürgen, *Hitlers Deutsche. Das Ende eines Tabus,* Casimir Katz Verlag, Gernsbach, 1990.

FÖRSTER, Jürgen, «Ludendorff and Hitler in Perspective: The Battle for the German Soldier's Mind, 1917-1944», *War in History,* núm. 10, 2003.

— *Die Wehrmacht im NS-Staat. Eine strukturgeschichtliche Analyse,* Oldenbourg, Múnich, 2009.

FRANK, Mario, *Der Tod im Führerbunker. Hitlers letzte Tage,* Siedler, Múnich, 2005.

FRITZ, Stephen G., *Endkampf. Soldiers, Civilians, and the Death of the Third Reich,* The University Press of Kentucky, Lexington, 2004.

FRÖHLICH, Elke (ed.), *Die Tagebücher von Joseph Goebbels,* t. II: *Diktate 1941-1945,* vol. 15: *Januar-April 1945,* K. G. Saur, Múnich, 1995.

— *Als die Erde brannte. Deutsche Schicksale in den letzten Kriegstagen,* Knaur Taschenbuch Verlag, Múnich, 2005.

GELLERMANN, Günther W., *Die Armee Wenck-Hitlers letzte Hoffnung,* Bernard & Graefe Verlag, Bonn, 1997.

GIBBELS, Ellen, «Hitlers Nervenkrankheit. Eine neurologischpsychiatrische Studie», *Vierteljahrshefte für Zeitgeschichte,* núm. 42, cuaderno 2, 1994, págs. 155-220.

GIESLER, Hermann, *Ein anderer Hitler. Bericht seines Architekten Hermann Giesler. Erlebnisse, Gespräche, Reflexionen,* Druffel Verlag, Leoni am Starnberger See, 1977.

GÖRTEMAKER, Heike B., *Eva Braun,* Seuil, París, 2011 (trad. cast.: *Eva Braun. Una vida con Hitler,* Debate, Barcelona, 2012).

GOSZTONY, Peter, *Der Kampf um Berlin 1945 in Augenzeugenberichten,* Karl Rauch Verlag, Düsseldorf, 1970.

GUDERIAN, Heinz, *Panzer Leader,* Da Capo Press, Nueva York, 2002.

— *Erinnerungen eines Soldaten,* Motorbuch, Stuttgart, 2003 (trad. cast.: *Recuerdos de un soldado,* Inédita Ediciones, Barcelona, 2007).

HARTMANN, Christian, HÜRTER, Johannes, *Die letzten 100 Tage des Zweiten Weltkriegs,* Droemer Knaur, Múnich, 2005.

HEIBER, Helmut (ed.), *Lagebesprechungen im Führerhauptquartier. Protokollefragmente aus Hitlers militärischen Konferenzen,* Deutsche Buch-Gemeinschaft, Berlín, Darmstadt, Viena, 1962.

HEINZLE, Joachim, WALDSCHMIDT, Anneliese (eds.), *Die Nibelungen,* Suhrkamp, Fráncfort del Meno, 1991.

HERZOG, Rudolf, *Heil Hitler, Das Schwein ist tot! Lachen unter Hitler,* Eichborn Verlag, Fráncfort del Meno, 2006.

HILLMANN, Jörg, ZIMMERMANN, John (eds.), *Kriegsende 1945 in Deutschland,* Oldenbourg, Múnich, 2002.

HOFFMANN, Hans-Albert, *Die deutsche Heeresführung im Zweiten Weltkrieg,* Steffen Verlag, Friedland, 2011.

JARDIN, Pierre, *Aux racines du mal. 1918, le déni de la défaite,* Tallandier, París, 2006.

JOACHIMSTHALER, Anton, *Hitlers Ende. Legende und Dokumente,* Herbig, Múnich, 1995.

JOHR, Barbara, SANDER, Helke (ed.), *Befreier und Befreite. Krieg, Vergewaltigung, Kinder,* Fischer Taschenbuch Verlag, Fráncfort del Meno, 2005.

JOUKOV, Gueorgui, *Mémoires,* Fayard, París, 1970.

JUNGE, Traudl, *Dans la tanière du loup. Les confessions de la secrétaire de Hitler,* Tallandier, col. «Texto», París, 2014 (trad. cast.: *Hasta el último momento. La secretaria de Hitler cuenta su vida,* Península, Barcelona, 2003).

KELLER, Sven, *Volksgemeinschaft am Ende,* Oldenbourg, Múnich, 2013.

KELLERHOFF, Sven Felix, *Hitlers Berlin. Geschichte einer Hassliebe,* Be.bra Verlag, Berlín, 2005.

— *Mythos Führerbunker. Hitlers letzter Unterschlupf,* Berlín Story Verlag, Berlín, 2006.

KEMPOWSKI, Walter, *Das Echolot. Fuga furiosa. Ein kollektives Tagebuch. Winter 1945,* Btb Verlag, Múnich, 2004, 4 tomos.

— *Das Echolot. Abgesang '45. Ein kollektives Tagebuch,* Btb Verlag, Múnich, 2005.

KERSHAW, Ian, *La Fin. Allemagne 1944-1945,* Seuil, París, 2012 (trad. cast.: *El final. Alemania, 1944-1945,* Península, Barcelona, 2013).

KHRISTOFOROV, V. S., *Vermakht. Na sovestsko-germanskom fronte,* Knijnitsa Russki Put, Moscú, 2011.

KLEE, Ernst, *Das Personenlexikon zum Dritten Reich,* Fischer Verlag, Fráncfort del Meno, 2003.

KOLLER, Karl, *Der letzte Monat: 14. April bis 27. Mai 1945. Tagebuchaufzeichnungen des ehemaligen Chefs des Generalstabs der Luftwaffe,* Ullstein, Fráncfort del Meno, 1995.

KOOP, Volker, *Martin Bormann. Hitlers Vollstrecker,* Böhlau Verlag, Colonia, 2012.

KUNZ, Andreas, *Wehrmacht und Niederlage. Die bewaffnete Macht in der Endphase der nationalsozialistischen Herrschaft 1944 bis 1945,* Oldenbourg, Múnich, 2007.

LINGE, Heinz, *Bis zum Untergang. Als Chef des persönlichen Dienstes bei Hitler,* Winkelried, Dresde, 2011.

LOPEZ, Jean, *Berlin. Les ofensives géantes de l'Armée rouge: Vistule, Oder, Elbe (12 janvier-9 mai 1945),* Economica, París, 2009.

LÜDTKE, Alf, WEISBROD, Bernd (ed.), *No Man's Land of Violence. Extreme Wars in the 20 th Century,* Wallstein Verlag, Gotinga, 2006.

MASER, Werner, *Adolf Hitler. Das Ende der Führerlegende,* Moewig, Múnich, 1982 (trad. cast.: *Hitler,* Acervo, Barcelona, 1995).

MEVIUS, Martin, *Agents of Moscow: The Hungarian Communist Party and the Origins of Socialist Patriotism, 1941-1953,* Oxford University Press, Oxford, 2005.

MOLL, Martin (ed.), *Führer-Erlasse. 1939-1945,* Nikol Verlag, Hamburgo, 2011.

MOMMSEN, Hans (ed.), *The Third Reich between Vision and Reality. New Perspectives on German History 1918-1945,* Berg, Oxford, Nueva York, 2002.

MÜLLER, Rolf-Dieter (ed.), *Der Zusammenbruch des deutschen Reiches 1945,* vol. 10/1: *Das deutsche Reich und der Zweite Weltkrieg,* DVA, Stuttgart, 2008.

MUSMANNO, Michael A., *Dix jours pour mourir. La fin de Hitler d'après les témoins oculaires,* Payot, París, 1951 (trad. cast.: *Los últimos testigos de Hitler,* Volter, Barcelona, 2005).

OVEN, Wilfred von, *Finale Furioso. Mit Goebbels bis zum Ende,* Grabert Verlag, Tubinga, 1974.

OVERMANS, Rüdiger, *Deutsche militärische Verluste im Zweiten Weltkrieg,* Oldenbourg, Múnich, 2004.

OVERY, Richard, *Sous les bombes,* Flammarion, París, 2014.

REITSCH, Hanna, *Fliegen, mein Leben,* DVA, Stuttgart, 1951 (trad. cast.: *Volar fue mi vida. Memorias de la piloto de pruebas de la Luftwaffe,* Galland Books, Valladolid, 2009).

SCHEIL, Stefan, *Ribbentrop. Oder: Die Verlockung des nationalen Aufbruchs,* Duncker & Humblot, Berlín, 2013.

SCHENCK, Ernst Günther, *Patient Hitler. Eine medizinische Biographie,* Bechtermünz Verlag, Augsburgo, 2000.

SCHEURIG, Bodo, *Alfred Jodl. Gehorsam und Verhängnis. Biographie,* Verlag Siegfried Bublies, Schnellbach, 1999.

SCHÖN, Heinz, *Ostsee '45. Menschen. Schiffe, Schicksale,* Motorbuch Verlag, Stuttgart, 3ª ed., 1985.

SCHRAMM, Percy Ernst (ed.), *Die Niederlage 1945. Aus dem Kriegstagebuch des Oberkommandos der Wehrmacht,* DTV Dokumente, Múnich, 1962.

— *Kriegstagebuch des OKW, 1940-1945,* t. II, Bernard & Graefe Verlag, Múnich, 1982.

SCHROEDER, Christa, *Er war mein Chef. Aus dem Nachlass der Sekrätarin von Adolf Hitler,* Langen Müller Verlag, Múnich, 1985 (trad. cast.: *Doce años junto a Hitler. Testimonio inédito de la secretaria privada del Führer (1933-1945),* Milenio, Lleida, 2005).

SCHULTZ-NAUMANN, Joachim, *Die letzten dreissig Tage. Das Kriegstagebuch des OKW April bis Mai 1945,* Augsbourg, Weltbild Verlag, s. d.

SCHÜTTE, Ehrenfried, «Wie die Rote Armee Hinterpommern eroberte», *Wehrwissenschaftliche Rundschau,* vol. 13, núm. 6, 1963.

SCHWENDEMANN, Heinrich, «Drastic measures to defend the Reich at the Oder and the Rine… A forgotten memorandum of Albert Speer of 18 March 1945», *Journal of Contemporary History,* núm. 38, 2003, págs. 597-614.

SEIDLER, Franz W., *Phantom Alpenfestung? Die geheimen Baupläne der Organisation Todt,* Verlag Plenk, Berchtesgaden, 2000.

SEIDLER, Franz W., ZEIGERT, Dieter, *Die Führerhauptquartiere. Anlagen und Planungen im Zweiten Weltkrieg,* Herbig, Múnich, 2000.

SPEER, Albert, *Erinnerungen,* Ullstein, Fráncfort del Meno, 1969 (trad. cast.: *Memorias,* Acantilado, Barcelona, 2002).

SPOERER, Mark, «NS-Zwangsarbeiter im deutschen Reich», *Vierteljahrshefte für Zeitgeschichte,* núm. 49, 2001, págs. 665-684.

STEHLE, Hansjakob, «Deutsche Friedensfühler bei den Westmächten im Februar/März 1945», *Vierteljahrshefte für Zeitgeschichte,* núm. 30, cuaderno 3, 1982, págs. 538-555.

SÜSS, Dietmar, *Deutschland im Luftkrieg: Geschichte und Erinnerung,* Institut für Zeitgeschichte, Múnich, Oldenbourg, 2007.

The Testament of Adolf Hitler. The Hitler-Bormann Documents, Cassel & Company, Londres, 1961.

THORWALD, Jürgen, *Es begann an der Weichsel,* Bertelsmann Lesering, Gütersloh, 1959 (trad. cast.: *Comenzó en el Vístula y terminó en el Elba,* Caralt, Barcelona, 1966).

TREVOR-ROPER, Hugh Redwald, *Les Derniers Jours de Hitler,* Tallandier, col. «Texto», París, 2013 (trad. cast. *Los últimos días de Hitler,* Alba, Barcelona, 2000).

VAN DER VAT, Dan, *The Good Nazi. The Life & Lies of Albert Speer,* Weidenfeld & Nicolson, Londres, 1997.

VOLKMANN, Hans-Erich (ed.), *Ende des Dritten Reiches – Ende des Zweiten Weltkriegs. Eine perspektivische Rückschau,* Piper, Múnich, 1995.

WEGNER, Bernd, «Hitler, der Zweite Weltkrieg und die Choreographie des Untergangs», *Geschichte und Gesellschaft,* núm. 2000, págs. 493-518.

WERTH, Alexander, *La Russie en guerre,* Stock, París, 1964 (trad. cast.: *Rusia en la guerra (1941-1945),* Grijalbo, Barcelona, 1967).

WÜLLNER, Fritz, *Die NS-Militärjustiz und das Elend der Geschichtsschreibung. Ein grundlegender Forschungsbericht,* Nomos Verlag, Baden-Baden, 1996.

ZIEMKE, Earl, *Stalingrad to Berlin,* University Press of Pacific, Honolulu, 2003 (trad. cast.: *De Stalingrado a Berlín. La derrota alemana en el Este,* HRM, Zaragoza, 2021).

ZIMMERMANN, John, *Pflicht zum Untergang. Die deutsche Kriegführung im Westen des Reiches 1944/45,* Schöningh, Paderborn, 2009.

ZOLLER, Albert, *Hitler privat. Erlebnisbericht seiner Geheimsekretärin,* Droste Verlag, Düsseldorf, 1949.

Índice onomástico